“何もないまち”を変えた奇跡の物語

地域の誇りで飯を食う！

真板昭夫

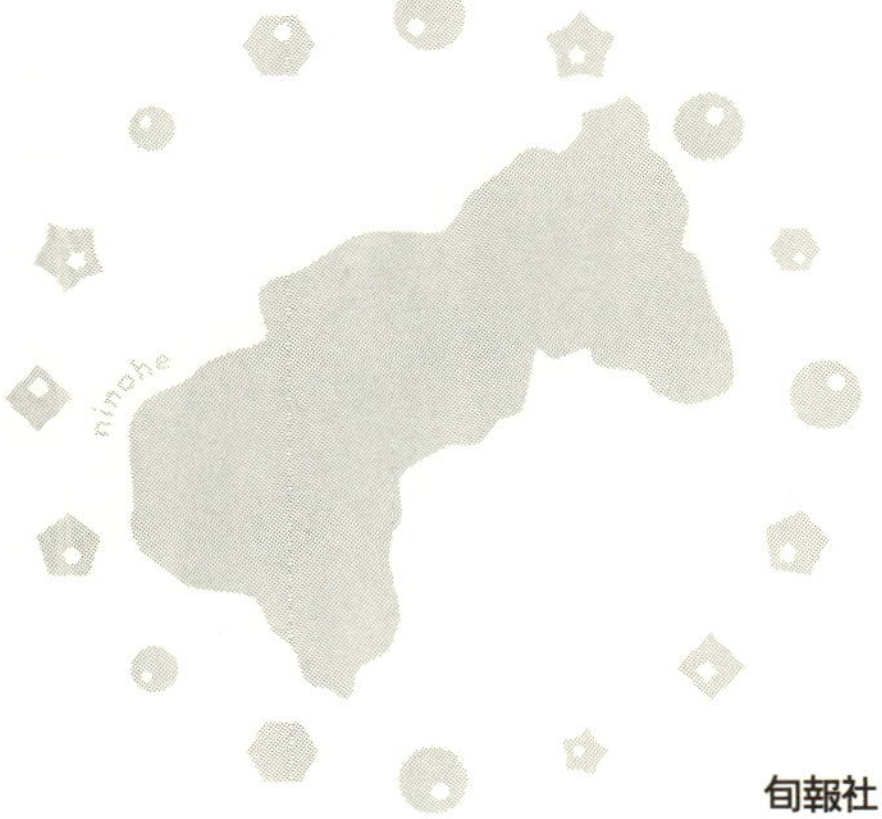

旬報社

はじめに

現在、日本には「あそこは限界集落だ」とか「あの自治体は消滅可能性市区町村だ」などと言われている市町村が数多くあります。それらの市町村は、「人もいない、若者も少ない、子どもも少ない、そしてお金もない」という「ないない尽くし」の状況の中で、自らの地域をどのように活性化させていくのかという難しい問題に直面しています。

日本政府は、「年間二〇〇〇万人の外国人観光客誘致」をスローガンに掲げ、観光立国による地域活性化を図ろうとしています。それに呼応して、全国の市町村でも地域おこしの旗頭として「観光による地域おこし」への取り組みを開始しています。このような、まさに「観光なくして地域おこしは成り立たず」という風潮すらある中で、当事者である地域の人々の声を聞くと、腹立たしくも悲しく感じることが多々あります。

たとえば、ある市町村で「観光客を増して地域おこしをしたい」とコンサルタントに頼んだところ、「あなた方は今の観光客が何を好むか分からないでしょうから、私たちが調査してあげます。それに先立って、この町では外の人にどんなものが見せられるかリストアップしておいてください。最終的な選択は私たちがしますから」と言われたそうです。つまりこのコンサルタントは、「観光の成功は観光客の好みいかんで決まる」と言っているのです。

またある東北の集落では、大手旅行業者が「セレブな奥様方のグループを大勢連れてきますので、現地で郷土食を用意して『おもてなし』しませんか。もちろん地域に多くのお金が落ちますよ」と提案してきたそうです。有名な旅行業者から持ちかけられた話ということもあり、集落は提案を承諾しました。しかし、話が具体的になると、急に「セレブご夫人四人のテーブルには、地元のおばさん一人以上をつけること」「テーブルには白いテーブルクロスを敷くこと」「必ず白い割烹着を着用し、接待を絶やさないこと」など、さまざまな条件をつけられたそうです。あまりの条件の多さとうるささに、「観光ってこんなものなのか?」と不信感と疲弊感でいっぱいになり、この集落では翌年の申し出を丁寧にお断りしたとのことでした。

このように、「人・モノ・金を持ってきてやるから、地元はわれわれの言うことを実施すればいい。損はしない。地域は儲かる！　発展する！」といった高慢な地域観光地化論や旅行企画論がいまだにまかり通っているのが、今の日本の地域観光の実態です。

観光客が見たがるものを苦労なく見せてあげ、観光客のニーズに合わせることを地方に強いるような観光で、地域を活性化させることなどできるわけがないのです。このような外部に迎合した観光を推進しようとするからこそ、地域では「観光」が誤解され、嫌悪感が強まるのです。私たちが地域の中に入り、観光によるまちづくりについて話を聞いても、地元のお年寄りから「私は観光などで外から人に来てほしくない。外の人にこびへつらう気はない。迷惑だ」といった辛辣《しんらつ》な答えが返ってきます。

かつて、西表島《いりおもてじま》や南大東島、ボスニア・ヘルツェゴビナ、フィジー、ガラパゴス、パラオなど各地の地域づくりについて調査研究を行っていた私は、このような事例をあちこちで聞くにつけて、この手の他力本願型の観光を用いた「地域おこし」は、真の問題解決にはほど遠いということを感じてきました。このような手法では、まさに「金の切れ目が縁の切れ目」となることは自明の理です。現に、さんざん地域を引っかき回した企業やコンサルタントは、お金がうまく回らなくなった途端に決して安くはない「アドバイス料」を貰って手を引いていきます。

では、どのような方法であれば、市町村が直面する課題を解決することができるのでしょうか。「ないない尽くし」の現状の中で、何をエネルギー源として地域の活性化を考えていけばよいのでしょうか。

本書がこれから紹介するのは、この問題に正面から果敢に取り組み始めたある地域の、二四年間の物語です。外の人間が「あの地域には何もないよね」と言うことがよくありますが、じつはそう決めつける考えそのものが部外者の「上から目線」の発想です。果敢に立ち上がったこの地域では、部外者から勝手に決めつけられるこのような目線を「現象」として認めつつも、そのいわれなき偏見に当事者として猛反発しました。「過疎地域」であることが問題なのではないのです。問題の本質は、自分の住んでいる地域を諦め、他人の言うように「過疎」と認めてしまう意識そのものなのです。

この地域では、「外から何と言われようとも現に人が住み続けているという事実」「人がその地域を誇りに思っている潜在的なエネルギー」の二つをよりどころに、活性化のエネルギーを掘り起こし、再生し、増幅し、未来に繋げていく——そんな地域おこしに立ち上がりました。

その地域とは、岩手県の北端で青森県と接する位置にある二戸《にのへ》市です。人口約二万八〇〇〇人、一見するとなんの変哲もない東北の地方中小都市の典型です。この二戸市では「市長と六〇人の仲間たち」が地域おこしを開始し、その活動を「宝探し」と命名して市民を巻き込み、後述しますが市長三代にわたって二四年以上も活動を続けています。

本書は岩手県二戸市の二四年間の悪戦苦闘の、しかし、したたかにチャレンジし続けている、今なお進行形の物語なのです。

目次

第五章　誇りで飯を食いたい！

第六章　地域ブランドの伝え方

第七章　誇りを次世代に引き継ぐために

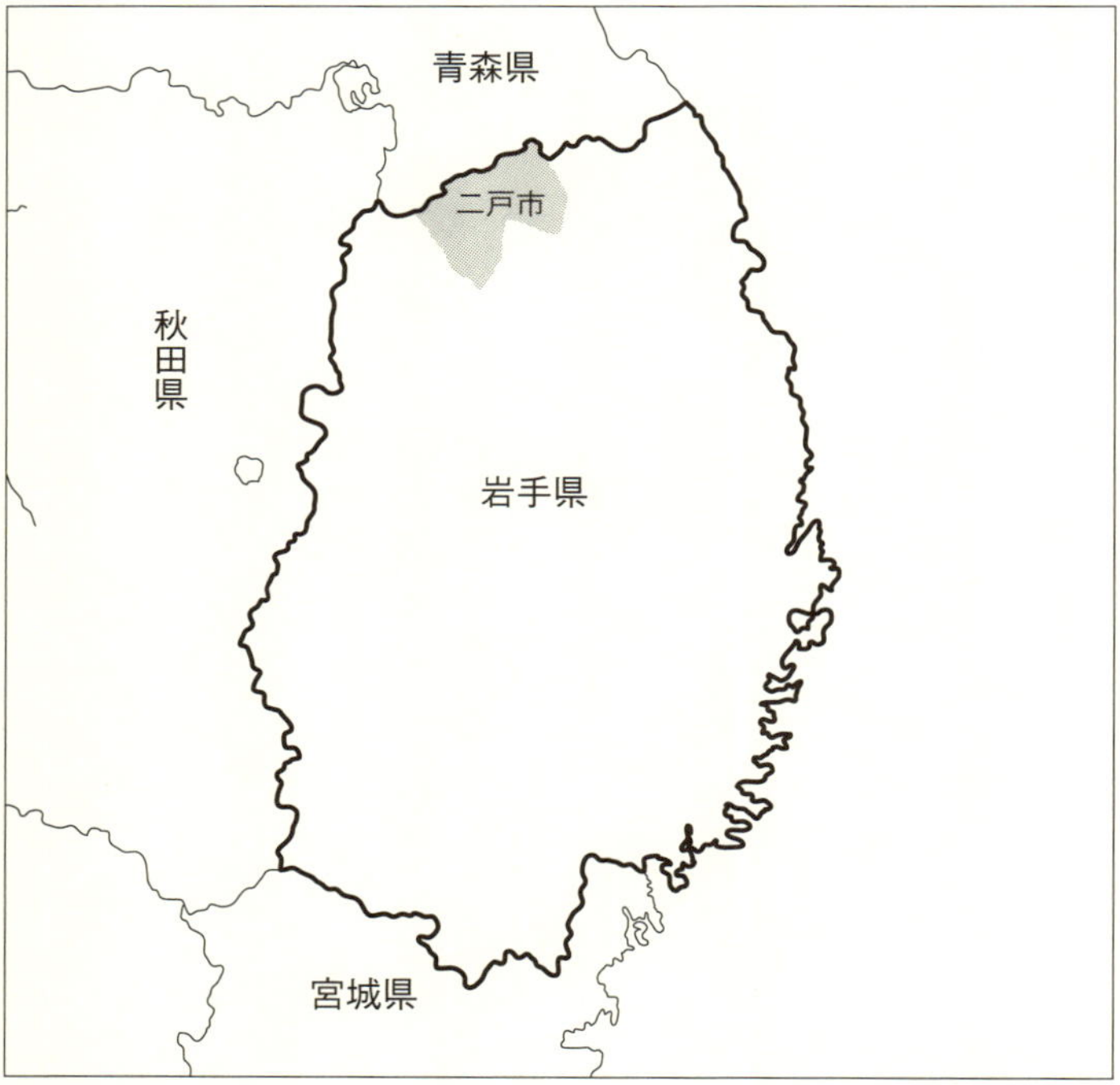
青森県
二戸市
秋田県
岩手県
宮城県

第一章

お金がない、やる気がない、若者がいない

土を食べてでも生きる知恵

日本は亜寒帯から亜熱帯にまたがる南北に細長い国であり、さまざまな自然と向き合っています。そのため、世界中で認められるほどの多様な文化が生まれました。その文化の下に暮らす人々は、地域に生きることに喜びを感じながら生活を営み、数々の「生きる知恵」というものを生み出してきました。

その一方で、日本は世界有数の災害大国でもあります。しかし、日本人は災害にめげず、災害とも向き合って、さまざまな知恵を蓄積して今日まで生き延びてきました。日本には、誇りと、その誇りによって形づくられた文化が各地域に存在し、それを利用しながら、たびたび起こる大災害から復興してきたという歴史があるのです。

皆さんは東北地域というと、どのようなイメージをお持ちでしょうか。

私は中学生のころ社会科の授業で「岩手県は生活するのが大変な地域で、『日本のチベット』といわれる」と教わったことを覚えています。

東北といえば、二〇一一年三月の大津波による大災害がまず思い出されることでしょう。しかし、東北を襲ったのは東日本大震災だけではありません。過去の歴史をひもとくと、津波や地震、さらには冷害や干ばつによる飢饉に幾度となく見舞われ、その都度何万人という住民が亡くなっています。生活する上で大変な地域だったのです。

本書の舞台となる二戸市で、「地域の宝」を市民の皆さんと一緒に探し始めた時のことです。ある日、後に『宝探し』による地域おこし」二代目の市長になる当時の二戸市役所企画課長が、「先生！　先生！　こんな資料が出てきました。私たちの先祖は本当に凄いんですよ」と誇らしげに言いながら、一冊の本を取り出しました。そば屋さんで一緒に二戸自慢の伝統食「ひっつみ」を食べていた時のことです。

企画課長が私に自慢げに見せたのは旧南部藩に伝わる一冊の書物で、表紙には『民間備荒録《びこうろく》』とありました。この書物は、「荒れたこと」、つまり、「土地が荒れて作物が何もできなくなった時に対する備えをどのようにすべきか」という過去からの知恵が伝承された記録書だったたです。これを読んだ時、東北地域について何も知らなかった私は自分が恥ずかしくなりました。

『民間備荒録』の第一章に書かれていることは、なんと、「土の食べ方」なのです。「土を水の中に入れてかき混ぜ、うわ水を捨てろ。それを七回繰り返し、最後に沈んだ部分を食べろ」と書かれています。

また、他の章には、山菜の食べ方も指南されています。「山には、非なるものと可なるものあり」と書かれています。「可なるもの」とは、東北で生き延びるために神様から授けられた山の幸のことです。それらを、「このように料理しなさい」と書かれているのです。植物学は私の専門でもありましたので、そこに書かれている内容を改めて詳しく解読してみました。驚いたことに、書かれていたのは、現代のテレビ番組が紹介するような「山菜料理」のレシピでした。東北において山菜というものは、現在のように人に振る舞うことが主たる目的のものではなく、飢饉などの備えとして山に残すものだったということです。つまり、東北の人々が山や雑木林をことさら大切にしてきたのは、飢饉に備えるための知恵の発露なのです。

『民間備荒録』に記されていた主な項目を書き出すと、以下のようになります。

①土を食う法
②凶年に用いる穀類
③凶年に用いる食類（今で言う山菜の食べ方や見分け方が記述してあります。たとえ

ば、カワラハハコ、イヌノフグリ、ツユクサ、ウドの草の部と、ハゼノキ、松の皮、クサギ、マンサクの木の部に分かれています）
④粥《かゆ》にして食べる方法（飢餓で弱っている体に栄養が吸収されやすいお粥の作り方が書いてあります）
⑤米麦に頼らぬ食
⑥病気にかかった時の治癒方法など

このような「知恵の蓄積」があるということは、東北地域における災害との遭遇は一度や二度のことではないはずです。そこで、東北地域がどれだけの震災に遭ってきたのかを改めて調べて、年表形式にまとめてみました。すると、とんでもないことが分かりました。

二〇一一年の東日本大震災では、震災関連死を含めて二万人近い方が亡くなられたとされていますが、歴史を振り返れば、八三〇（天長七）年の出羽天長大地震での「百姓一五人死亡、一〇〇人負傷」という記録に始まり、それ以降二〇一一年までに、この地域は一六回もの地震と津波に遭遇しています。時によっては人口の二〇〜三〇

東北の震災史

年代		名称	震源	震度	被災規模など
830	天長 7	出羽天長大地震	出羽国	7～7.5	秋田城倒壊、百姓 15 人死亡、100 人負傷
850	嘉祥 3	出羽嘉祥地震・津波	庄内地方	7	圧死者多数。国府倒壊。「海水が国府から 6 里まで押し寄せた」
869	貞観 11	多賀城地震	三陸沖	8.3	多賀城倒壊。死者 1000 人以上。仙台平野、名取平野全域が浸水。東日本大震災に匹敵する規模と推定
1611	慶長 16（8 月）	会津地震	会津	6.9	津軽城の石垣が崩れる。死者 3700 人、倒壊家屋 2 万戸以上
	慶長 16（10 月）	慶長三陸地震津波	三陸沖	8.1	南部藩領で約 3000 人、伊達藩領内で 1783 人の死者
1677	延宝 5	延宝八戸地震津波	八戸	7.25～7.5	家屋流潰約 60 戸
1694	元禄 7	能代地震	出羽地方	7	
1772	明和 9		陸前・陸中	6.75	地割れ・山崩れ・落石による人身被害
1793	寛政 5	寛政地震	陸前・陸中・磐城	8.3～8.4	大槌、両石、気仙沼、釜石に津波による被害。流出家屋多数
1856	安政 5	安政の八戸沖地震	日高・胆振・津軽・南部	7.5～8.0	津波が三陸、北海道の南岸を襲う。家屋流出・東海・溺死者多数
1896	明治 29	明治三陸地震津波	岩手県沖	8.25	津波が北海道から牡鹿半島沿岸に襲来。岩手県の死者 18158 人
		陸羽地震	秋田県東部	7.2	岩手・秋田県境で被害大。死者 209 人
1933	昭和 8	昭和三陸地震津波	三陸沖	8.1	太平洋岸に津波。三陸沿岸の被害甚大。死者・行方不明者 3064 人
1952	昭和 27	十勝沖地震	釧路沖	8.2	北海道で 3m、三陸沿岸で 1m の津波。死者 28 人
1960	昭和 35	チリ地震津波	チリ沖	8.5～9.5	波高は三陸沿岸で 5 ～ 6m、被害は甚大。死者・行方不明者 142 人
1968	昭和 43	1968 年十勝沖地震	三陸沖	7.9	三陸沿岸に 3 ～ 5m の津波。死者 52 人
1978	昭和 53	1978 年宮城県沖地震	宮城県沖	7.4	宮城県を中心に死者 28 人
2011	平成 23	東北地方太平洋沖地震	三陸沖	9	死者・行方不明者約 22700 人

宮古市教育委員会（2011）、高山（2011）、大矢（2011）などをもとに作成

%もの人が亡くなるような災害に遭遇しているのです。

地震や津波だけではありません。冷害や干ばつによる飢饉も多発しており、これらによっても非常に多くの方が亡くなっています。一六四九年から一八三八年までの間に、東北地方はじつに三八回もの飢饉に見舞われており、たとえば一七八三（天明三）年の大凶作大飢饉では六万七〇〇〇人もの人が餓死しています。

東北地域とは、こうした震災、津波、飢饉という艱難辛苦《かんなんしんく》を乗り越え、多様で過酷な自然と向き合いながら、生き延びる知恵と巧みな文化を蓄積してきました。そして巧みに生きることの象徴として、またその継承の証《あかし》として、地域には伝統芸能や食文化、言い伝えなどのさまざまな有形無形ものが、今なお生きて色濃く残っているのです。

東北に旅行すると、素敵な風景に出会うことがしばしばありますが、その風景でさえ、人々が自然と関わるための知恵によって生まれ、維持されているものなのです。

大飢饉が起きた際、「お願いだから何か食べさせてくれ」と、飢えた人々がよその村から押し寄せてくる。しかし、集落に入ってこられては自分たちの食べ物がなくなると拒絶し、その結果、村の入口で多数の人が亡くなった――このような話が残っています。その場所には「飢餓塚」という塚が建てられ、その集落のいわば「償い」として現存しています。これは心の慰めであると同時に、生活するために忘れてはならない人としての戒めを伝承していくものとなっているのです。

私は東北地域の観光を考える時、地域の人々が継承されてきた地域の誇りや知恵、あるいは償いという文化や歴史を、どのように観光客に紹介し、交流を深めていくかが大事であると考えています。そして、二戸市は、その過酷な自然と向き合いながら世界に誇れる文化を築いてきた東北地方の中心地なのです。

一本の電話

一九九二年二月のある日、私のところに一本の電話がかかってきました。当時の私は自然環境研究センターという財団法人で野生動物の保護管理や子どもの遊び場と自然環境に関する研究をしながら、その一方で未来政策研究所という会社で「地域おこし」の仕事もしていました。

「真板先生、小原です。岩手県二戸市の市長になりました。地域おこしの仕事をされている真板先生に折り入って相談があるので、一度、二戸市に遊びにきませんか」

電話をかけてきたのは当時二戸市長になったばかりの小原豊明《おばらとよあき》氏でした。小原氏は市長に当選する直前まで環境庁（現環境省）自然保護局国立公園課の課長をされていました。当時は巨樹巨木林の全国調査を担当されていて、私はそのお手伝いをしていたこともあり、気心の知れた仲でした。

小原氏は生真面目で実直を絵に描いたような人物です。それに加えて、とにかくお酒に弱い人でもありました。ビールをほんの少し口にしただけで、すぐ眠ってしまうような下戸《げこ》なのです。政治家といえば、酒宴にも数多く出席しなければなりません。こんなにお酒に弱い人に市長がつとまるのだろうかと、市長への挑戦の一報を受けた時は心配でした。現に、私だけでなく小原氏の当時の仕事仲間も、「小原さんが市長に立候補するの？　まさか」と半信半疑で、賛成をする人はあまりいなかったと思います。しかし、二戸市の多くの市民から「ぜひ故郷で市長になって町を変えてほしい！」という熱烈なラブコールを受けて、三十数年ぶりに生まれ故郷に戻ったのです。

恥ずかしながら、私は小原市長からの電話があるまで、「二戸市」というまちについて、ほとんど何も知りませんでした。しかし、この一本の電話をきっかけに、以後二四年間もお付き合いを続けることになるとは、当時は思いもよりませんでした。

二戸市の歴史と庶民文化

二戸市は岩手県の北端で青森県と接する位置にある内陸の小都市です。外から各種の数値をみると、何の特色もない東北の地方中小都市です。二〇〇六年一月一日に国産漆の生産で有名な浄法寺町《じょうぼうじまち》と合併し、人口二万八一九〇人（二〇一六年七月現在）の市となっています。奥羽山脈、北上山地からなる山地、丘陵が多くの面積を占め、二戸市の市街地は町の中心を北から南に流れる馬淵《まべち》川の河岸段丘に広がっています。その北側には白鳥《しらとり》川、東側を猫淵《ねこぶち》川が流れる、豊かな自然を抱く地域です。

初めて二戸市を訪問するにあたって少し調べてみたところ、さまざまな文化や歴史が潜んでいることが分かりました。

二戸市は旧南部地域です。この地域は、豊臣秀吉と最後の最後まで戦った南部一族精鋭の武将・九戸《くのへ》政実《まさざね》の要塞であった城跡が三つの河川に囲まれた場所に残っていて、市民の誇りとなっていました。また、主産業の農業では、リンゴ、葉タバコ栽培が盛んです。この旧南部藩は、『遠野物語』で知られる日本民俗学の祖・柳田國男が、その著書『豆の葉と太陽』に登場させています。柳田は二戸地方の風景を「其中《そのなか》でも特に忘れがたい一つは、奥南部の大豆畑の風光」と記しています。

電話を受けた数日後、私は小原市長を訪ねて二戸市に向かいました。当時は新幹線の二戸駅はまだありませんでしたので、東京から盛岡まで新幹線で行き、盛岡で在来線に乗り換えて二戸までたどり着きました。列車に乗っていると、路線には「一戸《いちのへ》」から「九戸《くのへ》」という数字を冠した地名が今もあることが分かりました。なんとなく歴史や文化が奥深そうな感じをうけワクワクした覚えがあります。

お金がない、やる気がない、若者がいない

初めて訪れた二戸市役所の市長室のソファーに私が座るやいなや、小原市長は少しうつむいた姿勢でこう切り出しました。

「真板先生、よく来てくれました。どうですか二戸は。駅を降りてあまりの寂しさに驚いたでしょう。市長選で私を支持してくれた方、いや市民全員が、内心そう思って

います。私はこの閑散として寂れた雰囲気の漂う市を、皆でなんとかしなくてはと感じています。派手でなくてもいい。立派な建物なんか建たなくてもいい。ただ自分の町を生き甲斐や誇りにできるところに変えたいだけなのです」

このころの日本国内はバブル経済が崩壊した直後で、どの自治体も厳しい財政状況にありました。地域のオーソドックスな活性化策としては、行政による施設整備といったハード面への投資がありますが、大きな企業集積エリアも農地もない二戸市ではそれも期待できる状況にありませんでした。

市長の口からポツポツとこぼれ出る言葉には、政治家によくある派手さはありませんでしたが、一語一語を自分に言い聞かせつつ話す実直さと決意が伝わってきました。そしてさらに驚く発言でたたみかけられたのです。

「市長になって改めて気づいたことがあります。二戸にはお金がない。やる気もない。若者もいない。『ないない尽くし』のこの環境で、どんな町おこしができると思われますか？　全国あちこちと飛び回って講演をしている真板先生なら、何かいいアイデアをお持ちではないでしょうか。私に知恵を貸してください！」

小原新市長は、「新ビジョン！　楽しく美しいまちづくり」を公約に掲げて市長に当選された方です。つまり、私への相談とは、公約を実現していくための協力要請だったのです。

当時の二戸市は、全国の大半の市町村と同様に人口減少が続いていました。有力な工場や全国的に著名な観光資源はほとんどなく、そういう意味では、町の外観も、また豊かとは決していえない市の財政状況から見ても、日本のどこにでもあるありふれた過疎地でした。

一九九二年といえば、その後の失われた一〇年とも一五年ともいわれる日本経済の苦難の時代からみれば、まだとば口です。戦後半世紀にわたり続いてきた、右肩上がりで大都市の生活スタイルをモデルとする発展パターンはすでに崩壊していました。この東北の小都市は、個性をいかに生かして自力で二一世紀に生き延びていくのかという今まで経験したことのない大きな課題を抱えていたのです。

二戸市の「楽しく美しいまちづくり」は、直接的には二〇〇二年に予定されていた東北新幹線開通にともなう二戸駅の開設を目途に、新幹線で訪れる旅行者を迎え入れることを目標達成のビジョンとして掲げながらも、基底にはその平明な名称とは裏腹に、「二一世紀における地域の生き残り戦略をどのように創造し実践していくのか」

という深刻かつ困難な課題を負わされていたのです。

このような認識と展望をもって、公約実現に向けて動き始めたのが、後で詳しく述べる全国初の「宝探し」による地域おこし戦略だったのです。

「エコツーリズムを知っていますか？」

一九九二年当時、私は日本自然環境研究センターに在籍し、西表島や小笠原をケーススタディ地域とした「エコツーリズム」の普及啓発のための調査を行っていました。

調査研究を始めた当時は大変でした。「自然を守る環境省が観光を推進するの？」と批判する人が多かったのです。無理もありません。当時は、観光と自然保護は相容れない概念と思われていました。調査研究の過程で「エコツーリズムを知っていますか？」というアンケートをとったこともありますが、「知っている、聞いたことがある」と答えた人は、回答者全体のわずか二％ほどでしかありませんでした。それほど、理解されていなかったのです。

皆さんは「ツーリズム」すなわち「観光」という言葉に、どのようなイメージをお持ちでしょうか？　私がエコツーリズムの研究を始めた当時、自然保護や環境教育に関わっていた多くの仲間からは反対の声があがりました。観光といえば「リゾート開発」「大量に人が押し寄せてゴミが散乱する」「風紀を乱す」など、環境問題の権化、自然破壊、という悪いイメージが定着していたからです。

「真板、エコツーリズムなんてものは、これまで必死に守ってきた自然の中に旅行業者が人を大勢つれてきて金儲けの道具にするだけのことだ。自分のやってきたことに泥を塗ることになるよ。やめるべきだ」と、かなりのお叱りを受けたこともあります。

また、こんなこともありました。日本に外国からの観光客を誘致しようと推進している団体から、「これからの日本の観光を考える」というシンポジウム参加のお呼びがかかった時のことです。

このシンポジウムで私は、西表島やガラパゴスを含めた国内外のエコツーリズムの事例について講演しました。これらの地域では、地元の方がガイドになって地域の人の誇りである自然資源や文化資源の紹介を行うという活動がその地域経済の活性化に結びついていたのです。ところが、無事に講演も終わり、大手旅行会社の社長さんと昼の食事会を始めるやいなや、大きな声で怒られてしまいました。

「真板さん、ガイド一人に一〇人前後のお客さんをつけて現地ツアーをする観光なんてありえませんよ。大勢のツアー客を送り込んでその数の多さから収益をあげる観光の仕組みと業界の努力をあなたは全く知らない。こんなエコツーリズムなんて観光の発展に何の意味もない。ガイド一人にツアー客がたったの一〇人。そんなことで生活できるのか。あなたの話は絵空事だ」

俗に言う「マスツーリズム」を推進している方から、エコツーリズムへの取り組みを真っ向から批判されたわけです。仲間の自然保護活動家や研究者から右の頬を叩かれ、観光関連の代表の方々から左の頬を叩かれと、往復ビンタの状況だったことを思い出します。

エコツーリズムに関わる監督官庁間では、このようなことがありました。お役所の縄張りといいますか、政策分担といってよいのでしょうか、当時の環境庁（現在の環境省）は「『ツーリズム』は国土庁の行政用語である」として、調査プロジェクト名称には用いておらず、予算上のプロジェクト名では、「自然体験活動推進方策検討調査」と呼んでいたのです。

一方、観光行政を担当していた当時の国土庁（現在の観光庁）は、「エコ」は環境庁の用語として嫌っていました。「この『エコツーリズム』という言葉は本庁の用語としては使いたくない」と面と向かって言われたこともありました。環境庁と国土庁の双方で、この課題に正面から「エコツーリズム」と掲げて取り組むことには消極的であったのです。今から思えば懐かしい話です。

二つの教訓

エコツーリズムへの取り組みは、一九八〇年代に始まりました。じつは、エコツーリズムの定義は、いまだに正式には定まっていません。それは、エコツーリズムを進めようとする人々の間に立場の違いがあるからです。地域資源の保全を第一義の目的として活用したい立場、地域活性化を主たる目的として活用したい立場、観光産業の新たな発展の機会としたい各団体や機関の立場があり、それぞれの立場からの解釈で定義づけされて来た結果、「定義する人の数だけ定義がある」といわれるようになっていました。しかし三〇年を超える論議と実践の中で、今日では次のような共通の説明が生まれています。特定非営利活動法人日本エコツーリズム協会は、エコツーリズ

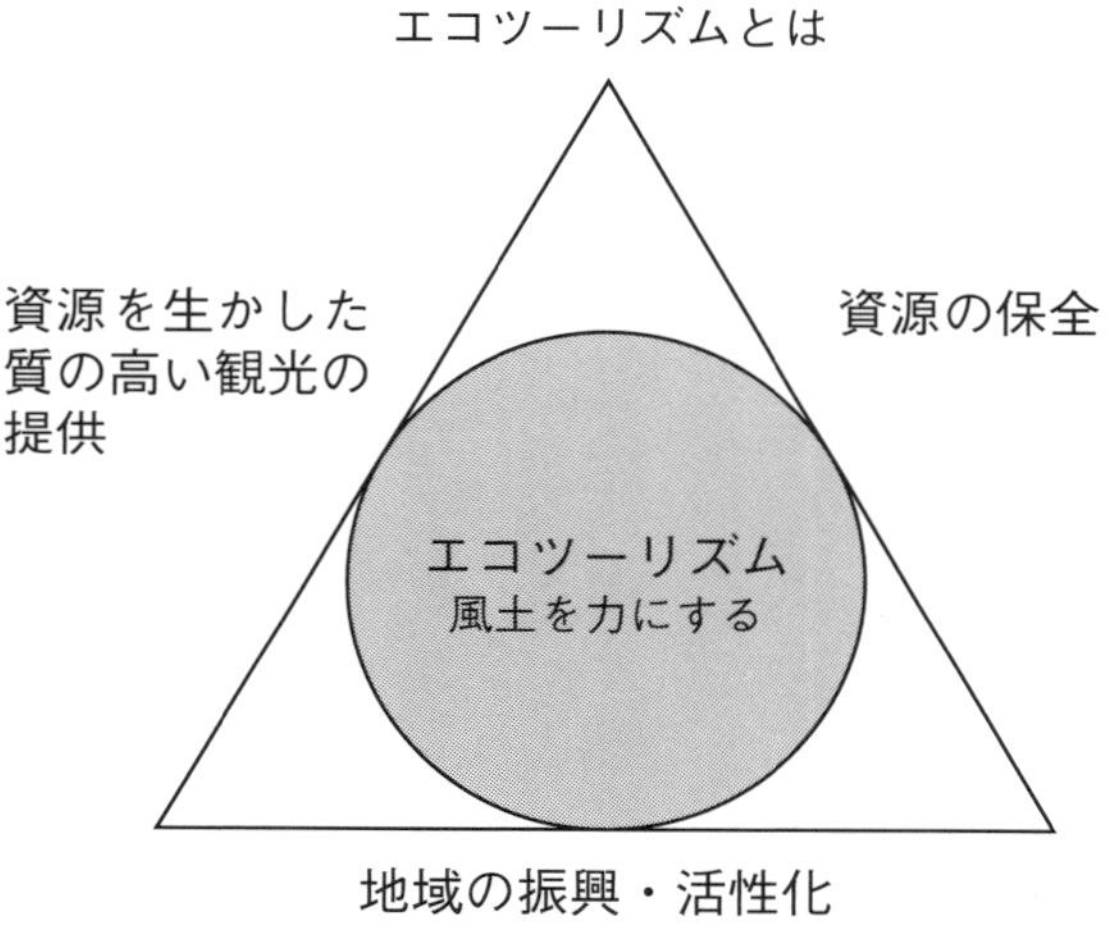

日本エコツーリズム協会、真板・海津（1998）に基づく

ムを次のように定義しています。

まず、エコツーリズムの目的はこの三つです。

①自然・歴史・文化など地域固有の資源を生かした観光を成立させること。

②観光によってそれらの資源が損なわれることがないよう、適切な管理に基づく保護・保全を図ること。

③地域資源の健全な存続による地域経済への波及効果が実現すること。

つまり、「資源の保護」＋「観光業の成立」＋「地域振興」の三つをうまく調和させる仕組みづくりを目的としています。それにより、旅行者に魅力的な地域資源とのふれあいの機会が永続的に提供され、地域の暮らしが安定し、資源が守られていくのです。

このような考え方に至るまでの、エコツーリズムの歴史的経緯を概観してみたいと思います。

そもそもエコツーリズムは、一九七〇年代以降に深刻化していた森林破壊や動植物の絶滅への危惧など、世界各地で起こっている自然破壊や環境護問題に、どのように世界中が取り組んでいくべきかを国連を中心とした論議を背景として、一九八〇年の初めごろに提唱された概念です。

発祥の地は、南米エクアドルから一〇〇〇キロ西の赤道直下の太平洋上に浮かぶガラパゴス諸島です。ガラパゴス諸島は、チャールズ・ダーウィンが執筆した『種の起源』（一八五九年）の発想の地として名高い場所です。ゾウガメやイグアナをはじめとする固有の動植物が多数生息し、生き物たちの進化を目の当たりにできることで知られています。この島々は、一九七〇年代から自然環境保全のために、利用に関する一定のルールを設け、島を訪れる観光客を、そのルールに基づいた管理の下で楽しませるといった観光の仕組みを導入した世界で最初の場所なのです。この仕組みこそ、エコツーリズムの先進事例となる「管理型観光」と呼ばれるものです。

一九八〇年代の草創期のエコツーリズムにおける保全対象は、まさにガラパゴスに代表されるように、主に手つかずの原生的な自然や貴重な動植物でした。

有料ガイドによる観光という仕組みを導入し、観光客から資金を徴収し、その資金を用いて原生的な自然を守るという新しい概念の研究と実践は、エコツーリズムのモデルとして、コスタリカをはじめとする世界各地に導入され、改良が進められていきました。

二〇〇二年、国連の「持続可能な開発委員会」によって「国際エコツーリズム年」が定められるまでになり、ケニアやジンバブエをはじめとするアフリカ、ボルネオやタイ、ネパールをはじめとする東南アジア諸国、ヨルダンなどの中東諸国、モンゴルなどの極東アジア諸国、フィジー共和国、パラオなどの南太平洋諸国と広がって、エコツーリズムは世界的な認知を得ていったのです。

私は日本でエコツーリズムを進めるにあたり、一九九〇年代に研究のために何度かガラパゴスに渡り、チャールズ・ダーウィン研究所の客員研究員として、当時ガラパゴスが抱えていた「管理型観光」におけるさまざまな問題解決の実践的研究に取り組みました。また、国際協力機構のエコツーリズム支援事業として、島民と一緒に住民参加型のエコツーリズムの仕組みづくりにも関わったのです。そこで実践的に学んだことが、後に日本やアジア地域で私がエコツーリズムを広めていく基盤になりました。

それらの取り組みの中で私が最も印象深く学んだことがありました。それは、「どんな場所でも、地域住民をその保護活動に経済的な仕組みとセットで巻き込むことなしには持続的な資源の保全はできない」「すべての住民の理解と協力を得る仕組みづくりなしには自然は守れない」という二つの教訓でした。

二戸市発の「日本型エコツーリズム」

一九九〇年代の日本やアジア地域でエコツーリズムの展開が始まると、その実践活動を通じてかつてのエコツーリズムとは様相の異なる新しいエコツーリズムのあり方が見えてきました。それが、「日本型エコツーリズム」といわれるものです。

環境庁は一九九〇年度から三年間にわたって、国立公園における地域住民の参加と人々の新しい利用を結びつけて公園の利用者を増やす方策として、「ガイド付き自然体験」を推進するための可能性調査を行いました。
同調査事業は、西表島の他に、知床、立山、奥日光、八丈島、屋久島が、その対象地としてあがったのですが、私は屋久島や西表島のエコツーリズム調査に入って、あることに気がつきました。それは、日本のエコツーリズムが、ガラパゴスのような手付かずの原生自然を人の圧力から守ることを目的としたエコツーリズムと全く違うということです。日本では、自然はそのほとんどが人々の生活と密接不可分に結びついて維持されているといえます。言葉を変えれば、いま地域に残っている貴重な自然や動植物は、地域の人々が生産活動や生活を維持する日常的な行いによって、今日まで守られてきているということです。つまり、日本に「手付かずの自然」は少ないのです。

有名なイリオモテヤマネコは、稲刈りが終わった水田で狩りをします。希少な国の特別天然記念物であるイリオモテヤマネコですら、その生息に欠かせない餌場は、地域の人々の水田耕作が維持されている場所だったのです。大秘境とまでいわれている西表島の自然でさえ、人々の生活との関わりによって維持されている環境が多かったのです。

考えてみれば、日本の場合、大都市をのぞけば、その多くは山林に隣接し農地と集落を含めて広がっている里地里山と呼ばれているところです。この場所は薪炭林《しんたんりん》として伐採や下草刈りで維持管理され、また水田や畑地、小川や水辺の管理など日常的に人の手が入っています。そのことが、多様な動植物が生息できる環境の維持に繋がっているのです。このように、地域の貴重な自然環境を守るということは、すなわち、その地域の自然との関わりの中で生まれた伝統文化、生活の知恵を守り継承していくことに他なりません。

本来のエコツーリズムの考え方に加え、自然を守るならばその自然と関わってきた地域の伝統、文化、生活、生産の体系をもセットで守って行く仕組みづくり、すなわち「エコツーリズムによる地域おこし」という新たな挑戦が必要だということが分かってきました。地域の自然、文化、歴史の資源を守りつつ、それらから生まれている地域固有の生活上の価値を再発見し、観光客は地域住民から受けるその価値の説明に楽しみを覚える。その繰り返しが、地域産業や社会活動の活性化に結びつく——「資源の保全=地域づくり」をめざす新しいエコツーリズムの理念ともいえます。私たちはこれを「日本型エコツーリズム」と呼ぶことにしました。

西表島では、一九九一年からエコツーリズムの理念整理や推進主体の考え方、資源調査のあり方などが検討され始めました。「実際に資源探しをやってみましょう」と、地元説明会も行われました。当時はヤマネコだけが西表の守るべき資源のように思われていましたが、地域の資源は他にもあります。山や海といった自然資源、地域の信仰、お祭りや祭事、島唄をはじめとする伝統芸能、その行事に必要な風景や神聖な場所、昔から伝わる織物、その織物を仕上げるのに必要な砂浜、祭りの場で食べられる郷土食といった生活の知恵など、数多くの地域資源の発掘を行いました。そしてこの資源発掘の結果は、島人の誇りの詰まった『西表島エコツーリズム・ガイドブックヤマナ・カーラ・スナ・ピトゥ』（西表島エコツーリズム協会、一九九四年）として本にまとめられました。

西表島ではその後の一九九六年、「人も自然もともに生きる島おこし」をめざし、島民有志によって「西表島エコツーリズム協会」が発足します。これは、「エコツーリズム」を標榜して設立された地域の組織として国内初の例となりました。

設立時のエピソードとして、今でも忘れられないことがあります。それは、この活動の中心を担ってくれた、染色と織の文化の復活運動家である石垣金星《いしがききんせい》氏が、「真板

西表島におけるエコツーリズムの様子

さん、文化力のある西表島は滅びませんよ。これからも、その先も」と話してくれたことです。

小柄な体でまん丸の瞳をした石垣氏からそんな言葉を聞いた時、私は、日本人が近代化の中で失ったもの、忘れたもの、それは日本人としての誇り、地域で築き上げてきた「文化力」だったのではなかったのかと思い知らされました。

この資源探しは後に二戸において「宝探し」と呼ばれます。まさに宝探しとは地域を持続的に発展させていく力である「文化力」を探し出す活動だと言えると思うのです。

なにも難しく考える必要はありません。

たとえば、幼いころに歌った小学校の校歌を思い浮かべてみてください。自分のふるさとの山や川、誇りを歌った歌詞は、地域の生活に密着した固有のものであり、「他のどの地域にも負けない」という自負があったはずです。それと同じように、自分の地域に自信を持ち、そのことをみんなに自慢する地域おこしを持続化していくことが、「日本型エコツーリズム」なのです。

「観光文明論」という学問があります。これを提唱されたのは、当時、国立民族学博物館（通称、民博）におられた石森秀三《いしもりしゅうぞう》氏です。

観光文明論を一言で説明すると、「観光という誰もが使える文明の利器を世界中で用いることにより、世界中の人々がみんな幸せになれる」というものです。石森氏はさらに、「その実現には他力本願の観光ではなく、自らが自発的に活動してその魅力で人を引きつけることのできる自律的な観光の仕組みをつくっていくことが必要」と唱えられています。

民博の研究発表会に呼ばれた際、石森氏は「明治のはじめ、当時の有識者がツーリズムという英語に『観光』という日本語をあてがいます。この言葉は中国の易経（儒教の基本書籍の筆頭に挙げられる経典）に載っている『国の光を観る、光あるところに良き人集まり国栄える』から引用したものです。私風にいえば、易経とは国王が国を治めるために必要な儒教の教えを記した本とも解釈できます。国を治め栄えさせるには『光』、すなわちその国の『国民一人一人の誇り』を把握し、国を治めるものがその光を把握し、より光り輝くように施策を実行し、発見した光を多くの人々に自慢し観せることが必要だと説いていると思うのです。今のお客様のニーズに合わせて、ないものをつくって観せるのは観光ではないのです。それでは見せ物興行です。観光とは地域の光を自慢して観せる仕掛けなのです。地域に住んでいる人々の光が多ければ多いほど、自慢するものが多ければ多いほど、その光を観に多くの人々が訪れ、人と人の交流が起こり、地域が発展するのです」と語られました。

まさに目からウロコとはこのことでした。当時の私は内心、「地域資源の保全活動と観光の推進は矛盾するのかもしれない」と思っていましたが、そんな考えを抱いていた自分が恥ずかしくなりました。「観光文明論」の考え方を軸に、「地域の自然や文化資源の保全」「地域社会と経済の活性化」「新しい観光産業の推進」、この三つのフレームを地域の中に同時に成り立たせる「日本型エコツーリズム」という仕組みづくりを、私は日本各地、いや世界各地で普及していこうと固く心に誓いました。

二戸市の小原市長からのお呼びがかかったのは、ちょうどこのような時のことだったのです。

第二章

宝探しで地域おこし

市民が分かる名称とは

二戸市では地域おこしのことを「エコツーリズム」とは呼んでいません。「宝探しによるまちづくり」と呼んでいます。ここでいう宝とは、「観光」の「光」、すなわち地域の人々の誇りであったり、自慢するものを意味しています。

今でこそインターネットの検索エンジンで「エコツーリズム、宝探し」と検索すれば一万件近くもヒットするようになりましたが、当時ネット検索した時は、ヒット数がわずか数十件だったことを覚えています。

私は小原市長に、「エコツーリズムを進める第一歩としての資金もない、自信もない、市民の気力もないなら、とりあえず西表島のようにやる気のある人だけを集めて、自分たちが自慢できる『資源探し』から始めてはどうでしょうか」と提案しました。

市長は、「自慢できる資源を探すことは面白いとは思うのですが……私は前職で関わっていたことだから理解はできます。しかし、一般の二戸市民に、『エコツーリズム』とか『資源探し』と言っても理解してもらえないでしょう。そもそも観光で地域を活性化しようなんてことは誰も思っていないのだから。では、どんな言い方をすれば市民の方々に分かってもらえるか、少し考えてみましょう」と言われたのです。

その後しばらくして、市長の提案で素晴らしいネーミングが誕生しました。それは、「二戸の宝探し」です。きっかけは、小原市長が自宅で「二戸には本当にいいものがあると思うんだ。ちょっと磨けば立派になるものが……」と口にされた時、いつも市長を叱咤激励している奥様が、「ああ、『宝探し』のようなものね」と言った一言でした。「エコツーリズム」や「資源探し」といった学術的で小難しげな言葉を使うより、「宝探し」のほうが、たしかに一般市民には受け入れられるはずです。

この「宝探し」という名称で地域おこしを開始した当初は、「埋蔵金探し」や「骨董拝見」のことと間違われることもありました。しかし、今ではこの名称がすっかり定着しています。それどころか、全国にも知られ、同じ名称で活動をしている団体や町村が増えています。

もっとも、後で知ったことですが、二戸では足手まといになる人のことを「宝物」というのだそうです。ですから、「当初、二戸の市民は『え？　宝探し（足手まとい）？』と思ってかなり驚いたんじゃないかな」と、市長は笑いながら話していました。しかし、この「足手まとい」が、後述するように地域おこしの主役になり、六〇人の「宝探し探検隊」が組織され、JTBの社長までも仰天させた「雑穀食のエコツーリズム」という食の分野での全国エコツーリズム大会開催へと繋がっていったのです。そうなることなど、その時は誰も想像だにしていませんでした。

地域おこしがスタートして二年目の一九九三年、二戸市で開催された「東北小都市セミナー」で、小原市長は「宝探し」を着想し、実施した理由についてこう触れています。

「第一に、想像以上の財政的な厳しさです。俗にいえば、『ない袖はふれない』状況にあったということです。財政状況が厳しくハードにお金をかけたくても、その資金がないというハンデを背負っていました。

第二には、財政が厳しく観光の目玉となるような一点豪華主義のハードの整備は望むべくもなかったことから、ソフト中心の、自ら持っているものを磨くことによって生き延びる力をみつけようと考えたことです。金がない、資源がないといった、ないない尽くしのハンデから、最後には一発逆転の発想ともいえる『宝探し』が生み出されました。

第三としてあげなければならないことは、『まちづくりに対する価値観の転換』です。工場誘致や大型施設による観光客誘致など、いわば第二次産業的な振興による経済的な価値の追求よりも、『都市の便利さと田舎の優雅さ』の両方を兼ね備えた小都市の魅力、あるいは『お金がなくとも、まちをきれいにしたり、楽しんだりすることができるのではないか』といった、言うなれば文化的な価値に依拠したまちづくりを志したことです。

第四には、地域の見方の変化です。これはまちづくりに対する価値観の転換の帰結であります。価値観の転換によって、目立った資源のない何の変哲もない田舎町とみられていた地域が、『なかなかいいところがある。いろいろな価値のあるものが埋まっている』というように、地域の見方が変わってくる。そこで、もう一回、地域の価値を探してみる、在庫を探してみるのです。

第五には、五年後、一〇年後、皆さまが来られた時には少しはましになったと、そう言われるような長期的視点に立ったまちづくりをしていきたいのです」

この小原市長のお話の中には、「宝探し」の意義が端的に示されています。セミナーで小原市長は、「宝探しは地域の見方を変えることだ」と参加者に説きました。小原市長から数えると、今は三人目の市長に代わりましたが、その間、この宝探しの考え方は引き継がれています。

「宝探し」が始まって二四年たった今日、宝は次々と発掘されているだけでなく、新しい宝を市民自らが作り出すようにまでなっています。宝とは、突き詰めれば、見る側の価値観にその存在の半分があります。したがって、見方が変われば、これまでの宝の新しい側面が新たな宝として発見されるのです。だから宝は尽きることがない。価値観の転換によって地域の見え方が変わり、それによって、今度は一人ひとりの価値観が変わっていきます。そのサイクルが、二戸市で「宝探し」を二四年間も継続してきた牽引力の一つなのです。

「宝探し」が二戸市で生まれた第一の要因は、その置かれた状況の厳しさゆえに、地域の生存に対する危機感をいち早く認識せざるをえなかったことです。しかし、その事実を直視し、未来を見通す新たな価値観に望みを託し、さらに自力で生き延びる方途を見いだし、行動する熱意をもった市長、二戸に誇りを感じた職員、そして宝を自慢したいと思う市民が絶えることがなかったからこそ、こうしたまちづくりが二四年も続いているのだと私は思います。

記憶の井戸を掘り起こせ

二戸の宝探しが多くの人に知られていく中で、私に代わってその意味を上手い言葉で表現してくれる方が現れました。大阪の阪南大学の名物研究者・吉兼秀夫《よしかねひでお》氏です。小柄な体、長いあごひげを生やした独特の風貌、両手を握ってゆっくりと語りかけるような口調に、人は自然と引きつけられ、その言葉に説得されてしまう。まさに「現代の仙人」というにふさわしい方です。

この先生が、ある研究会で地域の宝探しについて、「真板先生、この作業を私風に言うならば、『地域に埋もれた記憶の井戸を掘り起こし、記憶の水脈を掘り当てる』ということですね。この作業は地域おこしのエネルギーを掘り当てていくということなのですよ」とおっしゃってくださいました。なんと的確な表現でしょうか。まさに「わが意を得たり」です。

この言葉を聞いた時、私は、「地域の記憶の井戸」こそ、いままで表に出ることなく、人々の生活の中に長く埋もれていた「地域の宝」であり、「誇り」なのだと再認識しました。また、「記憶の水脈を掘り当てる」という言葉には、多くの宝が見つかれば、それらが結びつき、宝を生じさせた地域の人々の「ストーリー」が見えてくるように思えました。そして、この宝探しの作業は、その地域で生活し続けてきた一人ひとりに自信を与えることになり、ひいては、地域全体を活性化させる活動であることを改めて教わったような気がしたのです

私たちは、自信を深めて、新しい二戸づくりを進める第一歩をスタートしました。小原市長との論議の中で、次の四点を「宝探し」の意義とし、作業を開始しようと決めたのです。

①市民総参加の作業

宝探しが市民一人ひとりの生きがい探しとなるよう、市民総参加によって宝を発掘、再発見し、それを活用して二戸市を活性化していく。

②お年寄りの参加を促す

宝探しは、長年の生活の中でさまざまな文化を継承されてきたお年寄りを、宝という形で発掘し、最大の記憶の井戸ともいえるその知恵を生かすため、まちづくりに参

加していただく。

③女性の参加が不可欠

地域の宝の半分以上は、家族の命を守ってきた女性の中に蓄えられている。たとえば、郷土料理や織物など女性が中心になって守り育ててきた生活文化は、大切な地域の宝である。生活の中に蓄えられた宝を発掘し、まちづくりに生かしていくためにも、女性の参加が不可欠。

④先人の宝を生かしたまちづくり

長い歴史の中で二戸市の文化を形づくってきた先人たちの伝統技術、歴史や文化財、慣習、物産などの多くの宝を発掘し、生かす。先人たちのつくった宝を次世代の子どもたちに継承するまちづくりを進めることが必要である。

このように、宝探しは、「今、二戸市に生きている人々はもとより、二戸市の歴史をつくってきた先人たちをはじめ、二戸市の風土を形づくってきた山々や動植物などの自然環境、二五〇〇万年前の化石、二戸にあるすべてに参加してもらい、全市をあげてまちづくりを進めようという壮大な仕組みなのである」と意義づけたのです。

六つの分野で宝を探す

地域の宝にはどのようなものが考えられるでしょうか。

これを考えるにあたっては、二戸市に先駆けて進められていた宝探しの先進地である西表島の資源探しを参考にしました。

西表島の資源探しは、野生生物、活動、生活（食材、聖域など）、キーパーソンリスト、子どもの遊び場を対象として、農民、漁民、地元研究者、民宿やダイバーなどの観光業関係者、学校教師と子どもたちなど約五〇〇人の島人の協力を得て行われました。その結果は、後に島民との情報の共有化を図るために、先に述べたように『西表島エコツーリズム・ガイドブック　ヤマナ・カーラ・スナ・ピトゥ』という書籍として刊行され、二万部も売れる本にまでなりました。二万部といえば、旅行ガイドブックとしては十分にベストセラーです。

このような成功事例を参考に、二戸の宝探しでは、先にあげた四点の宝探しの意義をベースに、対象を「自然の宝」「生活環境の宝」「歴史文化の宝」「産業の宝」「名人の宝」という五分野に決め実施しました。

後述しますが、この宝探しを実行していく上で小原市長は市民三〇人と市職員三〇人からなる「楽しく美しいまちづくり委員会」（一九九二年七月）を組織しています。この委員会をベースに、二四年間も活動が続く仕組みをどうやってつくったのか。この秘密も、後ほど詳しく述べたいと思います。

さて、「宝の種類」を以下の五分野としたいと委員会に発表したのですが、私は、もう一つの「宝」を加えるべきだと、委員の皆さんに説明しました。その宝とは「要望の宝」です。

しかしこれには当初、異論が出ました。

「真板先生、ちょっと待ってください。宝は住民の誇りでしょう。なのに、『欲求不満』みたいな項目を入れるなんて、後ろ向きじゃないですか。これは委員会の作業には相応しくないですよ」と、ある委員にそう詰め寄られたのです。

この「要望の宝」には、当然行政に対する市民の不満が出てくる恐れがあります。つまり、結果として行政の仕事を増やすことに繋がっていく可能性が大なのです。特に行政側から参加しているメンバーにマイナスのイメージでとらえられがちなのは当

二戸市における６つの宝

自然の宝 （共に生きる仲間さがし）	人間にとって生きる基盤。気象、山、川、風景、湧き水、動植物、化石など
生活環境の宝 （生きるための知恵）	自然との関わりで自然をうまく使って生きていく生活の知恵の体系。料理、織物、郷土食材、地域信仰など
歴史文化の宝 （先人の足跡をたどる）	人、物、文化の交流の軌跡と形成された歴史・文化。文化財、歴史街道、年中行事、祭など
産業の宝 （外部世界への発信）	二戸市の顔であり、外部世界に向けた情報発信力のあるブランド商品とも言える自慢のもの。伝統技術・工芸品、特産品、食材など
名人の宝 （二戸の知恵袋）	先人の知恵や技の受け継ぎと伝承している地域の生き字引や名人。芸能、郷土史、工芸、郷土料理、民話などの名人、達人
要望の宝 （未来へのエネルギー）	まちを良くしようと思う住民の潜在的エネルギー

然です。しかし私は、委員に向かってこう説明しました。

『宝探し』はこの地域に住み続けていることの誇りと自慢を探し出す作業です。この地域に住んでいる以上、住民はもっと多くの新しい宝を生み出せる、もっと自慢できる町にしたいと思っているはずです。要望が多く出れば出るほど、それはこの町に誇りを持って住み続けたいと思っている証であり、逆に『要望の宝』が出なければ、この町には魅力がないともいえるのです。『五つの宝』と『要望の宝』がセットで出ることによって、宝を活用した二戸市の未来が見えてくるはずです。いわば不満や要望は現状のまちづくりへの関心と潜在的なエネルギーの現れであり、『未来へのエネルギー』なんです」

市長はじっとこの話し合いの様子を聞いていましたが、市民委員が大きくうなずいて納得すると、ホッとした表情を見せました。

宝探しでは、宝の六分野ごとに質問を作成し、一九九二年一一〜一二月にかけて全世帯（旧二戸市九〇〇〇世帯）に「世帯アンケート」を配布し、実施しました。「世帯アンケート」としたのは「家族で語り合って答えてほしい」という意図からです。また、答えていただいた宝が二戸のどこにあるのか、その場所を特定しなければならないものについては、アンケート用紙の裏にその場所を図で示してもらいました。この結果、七三七一件もの宝が発掘・再発見されました。面白いことに、このうちの約半分の三三〇〇件が「要望の宝」でした。その内容は公園、道路、上下水道などの都市環境整備、産業振興、医療や教育などの生活環境整備、まちづくりのイメージ提案など多岐にわたっていました。

たとえば、「まちづくりのイメージ」については、次のような要望がありました。

「若者が住みたくなる街／子どもやお年寄り、障害者に対して、健康と安全を考えたやさしい街の整備／県北の中心都市としての都市機能を備えた街づくり／景観に配慮した道路、河川、公園などを整備した美しく市民に愛される街づくり／座敷わらし、カッパをテーマにしたキャラクターグッズ、アニメーションなどの制作による個性ある温泉郷づくり／転入者にいつまでも住み続けたいと思ってもらえるような触れ合いを大切にする街づくり」

また、世帯アンケートの実施にあたっては、アンケート用紙をただ「お願いします」といって配ったわけではありません。二戸市には旧集落をまとめた行政区がいくつかあり、その区長さんを通じて配布したのです。委員会と相談の結果、配布にあたって市は同年九月、委員会のメンバーがまず各区長さんに、「宝探しについて御説明したいので、皆さんを集めてくださいませんか」とお願いし、行政九地区で「楽しく美しいまちづくり地区懇談会」を開催してもらい、委員会のメンバーが各々の地区を回って説明していきました。説明会に参加した委員にその時の様子を聞いたところ、「『今日皆さんのところにうかがったのは、今度町でお宝探しをしますので……』と、話し出した途端、皆さんビックリしていましたよ。『でも、うちらには「お宝」なんかないよ』って言うんです。私たちも、真板先生から初めてその話を聞いた時はたまげたんですから、無理もないんですけどね」と、大笑いしていました。

さらに、委員会のメンバーは、アンケートから得られた宝を自分で再確認するため、休日や、時には仕事が終わった後の時間を使って現地に出向き、写真を撮ったり、ヒアリングして内容を記録にまとめたり、集まった情報に関連する文献調査などの追加的な調査も行いました。その成果は、『宝資料集』と命名された、六冊の分厚い資料集となりました。この資料集が、これから進められる二戸の日本型エコツーリズムによる観光まちづくりの「誇りの基本台帳」となったのです。

アンケートによって集まった二戸市の宝

おらが村からの国興し——宝探しの先に見える二戸の未来

二戸で行った世帯アンケートの結果には、予想以上の数の「お宝」が記されていました。明らかに日本初となる新発見もありました。資料としてまとめた「お宝台帳」を見ながら、市長と、「ここまでいっぱい宝が出てきて大成功ですね」と話していた時のことです。

市長がふと、「二戸には縄文の時代から何千年も人が住んでいたのですから、『なにもないということはないだろう』と思ってはいました。でも、そんな予想以上に、今も二戸にはたくさんのお宝が残っていたのですね。……しかし、このお宝を、まちづくりにどう使っていきましょうか。このお宝探しの活用の先にはなにが見えてくると思いますか？」と問いかけてこられたのです。

それを聞き、「人の上に立つ政治家は、目先の結果に満足せず、常にその先を見つめながら行動したり、人を説得したりしながら、政《まつりごと》をしていくのだな」と感心しました。でも私は、その問いにはすぐに答えられませんでした。西表島などでの経験から、この発見された宝をどんな風にまちづくりに活用していくのかのイメージはあったのですが、宝探しという活動が、市長の言われるように「宝探しの先に見えるもの」、すなわちこの活動を通じてどんな地域を、日本の未来を創り上げていくことに繋がる意味や意義を持つのかということについて明確な答えをもっていなかったからです。

しかしそれからほどなくして、ある一通の手紙が私の元に送られてきたことで、その答えが見つかりました。

東京都の奥座敷である奥多摩町の町長に呼ばれて「エコツーリズムと宝探し」と題した講演を行った数日後ことです。講演を聞かれた地元の民宿の主人から、丁寧なお礼の手紙をいただきました。

その手紙の最後は、「先生方が行われている『宝探し』とは、高度経済成長の合理化の中で、コンクリートによるビルの建築や工場建設など、ブルドーザーによって埋め尽くされ平らにされてきた日本を一つ一つ掘り起こす作業ではないでしょうか。宝探しの作業は、私たちが誇れる本当の日本を掘り起こそうとする果てしない挑戦なのだと思いました。頑張ってください。私たちの町でもやってみる価値のあるものだと思います」という言葉で締めくくられていました。この瞬間、自分でも気づかなかった宝探しの未来が見えた気がしたのです。

江戸時代から明治二二（一八八九）年まで、日本全国に存在していた町村はじつに七万一三一四もあったのです。当然、その下を構成する「字《あざ》」レベルの集落は数えきれないくらい存在しました。同じ時期の二戸市の行政エリア内を見ると、なんと村が二四、村・字の集落の数は五六四もあり、浄法寺《じょうぼうじ》町では一六村、字レベルで一七七集落も存在したのです。言ってみれば、この町村の数だけ、自然との関わりから生まれ引き継がれてきたお宝が存在しているのが、本来の日本の姿だったのです。

ところが明治二二年に施行された「市制町村制」にともない、行政上の教育の実施や徴税、戸籍の事務処理などの近代化政策をスムーズに実行するために、町村合併標準提示（明治二一年六月一三日内務大臣訓令第三五二号）にもとづき町村合併が断行され、七万一三一四もあった町村は、約五分一の一万五八五九にまとめられました。この政策の実施は当時、多くの町村から過剰な近代化だと反発を呼んだといわれています。これは七万以上の町村に存在していた地域の誇り、お宝を、近代化優先の名のもとに埋め込んでしまったともいえるのではないでしょうか。

しかも、これだけでは終わりませんでした。その後、昭和の大合併が実施されます。戦後、新制中学校の設置管理、市町村消防や自治体警察の創設の事務など、行政事務の能率的処理のためには規模の合理化が必要とされました。昭和二八（一九五三）年には再度、町村合併促進法が断行され、昭和二八年から昭和三六年までに、市町村数はほぼ三分の一の三四七二にまでまとめられてしまったのです。合理化が進められ、日本が目指す生活スタイルの最も魅力的なモデルが東京をはじめとする大都市とされた一方で、多様な自然環境と向き合いながら築き上げてきた日本の多種多様なお宝がその中に埋もれていったのです。

二〇一六年現在、全国の市町村は一七一八です。浄法寺町と合併する前の旧二戸市の中で存在した村や字は福岡《ふくおか》地区、御返地《ごへんち》地区、斗米《とまい》地区、石切所《いしきりどころ》地区、仁左平《にさたい》地区、舌崎《したざき》・釜沢《かまざわ》・海上《かいしょう》地区、金田《きんた》一《いち》地区、堀野・米沢《まいざわ》地区、白鳥《しらとり》・坂本《さかもと》地区の九地区としてまとめられています。こんな状況の中であえて行われた、旧村や集落を巻き込んだ二戸市内の全戸お宝調査についてよくよく考えてみた私はこう気づきました。

これは、近代化によって埋められていた旧町村・字の集落の人々の誇りや自慢の発掘、再発見作業でもある。この作業を進め広げていくことは、二戸市の価値を再確認

するだけでなく、多様な自然と向き合って築き上げてきた日本人の文化力とその魅力を世界に発信し、世界中から日本に人々を引きつけていく「おらが村からの国興し」に繋がる運動なのだ――。

今、この宝探しは全国各地に広がっています。徳島県吉野川市（旧美郷《みさと》村《そん》）、沖縄県南大東村、東京都檜原村《ひのはらむら》、岩手県宮古市などでも行われ、さらに海外にも飛び火し、フィジー共和国のアンバサ集落、中東ヨルダンのサルト、パラオの各州にまで広がりを見せているのです。

六分野にまたがる「宝探し」の結果、

七〇〇〇件以上も出てきたこの驚くべき宝の数々については、次章で紹介したいと思います。

第三章

宝で変わる市民の意識

転がり落ちたタイムカプセル

一九九二年、ついに二戸市で日本初の「宝探し」が始まりました。「宝探し」のやり方や進め方については後で詳しく説明するとして、ここではヒアリングやアンケートによって市民から出てきたお宝のエピソードについて、ご紹介したいと思います。

宝探しによって、住民がそれまで邪魔にしていたものの本当の価値を知り、「自分の家の大切な物だ！」と保存へと動き出した出来事がありました。そのお宝は、東北では初の発見ではと思われる、タイムカプセル「ノジュール」です。

宝探しを開始して数カ月が経ったころです。

ある日のこと、一人の方から市役所に電話がありました。

「最近、『お宝探し』とかなんとか、訳の分からないことをしているって聞いたのだけど、そんな暇があるのなら、アンケートの要望にも書いたように、うちの家のことをなんとかしてくれ」

雨が降ると家の脇の土手から石の塊が次々と転がり落ちてくるので危険で仕方がな

い。大きなものでは直径一メートルくらいもある。周りの人からも「邪魔だから引き上げてくれ」と言われているので、できるなら落ちてこないように土手をコンクリートで固めてくれ！　というお話でした。また、「土手から落ちる石は、茶褐色のツルリとした丸い石である。今では河原にゴロゴロと転がっているから見にきてはどうか」ということでした。

この話を委員会の自然班のグループに報告すると、委員の一人が「真板先生、そりゃすぐに見に行きましょう！」と声を弾ませて、そそくさと出発の準備に取りかかったのです。この委員は化石収集を趣味としていました。「なにかあるのかな？」と期待が膨らみました。

じつは二戸市は、貝や植物の化石が豊富な地域で、カバに似て水辺や水中で生活をしていた哺乳類のパレオパラドキシアの化石が出土するなど、マニアの間では結構知られた地域です。話を聞いて興味をもった市内の専門家も一緒に見にきてくれました。河原には、高さ七〇センチから一〇〇センチ前後の大きな石があちこちで無造作に転がっています。半分くらい川床に埋まっているものもあります。

「やっぱりノジュールだ！」と委員が興奮して声を上げました。

私が初めて聞く「ノジュール」という言葉に戸惑っていると、「先生、危ないからちょっと端にどいていてください」と言うやいなや、持ってきたハンマーで四～五回、丸い石のてっぺんを強烈に叩き始めたのです。

私が「この人はなにをしているのだろう」と驚いているうちに、石が真っ二つに割れました。なんとその断面には、三〇センチくらいの立派なカニの化石が埋まっているではありませんか。

後に、「ノジュールとは、化石などの石灰質を核にして、岩石中の珪酸《けいさん》や炭酸塩などが周りの砂などを取り込んで凝集しながら長い時間をかけて固まってできたもの」と教わりました。その中には、動物の化石が入っていることが多々あるのだそうです。まさに生物のタイムカプセルです。カニの化石は本当に奇麗な形で、まるで何万年もの眠りからたった今、目が覚めたような感じでした。

ふと周りを見渡すと、河原に散らばるノジュールの数に改めてビックリしました。これは凄いお宝だと、電話の主にその場で報告されました。

委員会では、「これは二戸の自然の宝として極めて貴重でなんとかしたい。引き上げて保存しよう」ということになりました。そこで後日、地元の建設事業者から重機を貸してもらい引き上げ作業に行ったのですが、調査した時とは現場が一変していました。なんと苦情の電話をかけてきた方は、ノジュールを他の人にもっていかれないようにと、土手をコンクリートで固定していたのです。有刺鉄線で柵もつくってありました。

その方は自分の娘さんに、「この宝はわが家の大切な宝で、家の床の下に山のように埋まっている。どうかこの家を継いで大切に守っていってほしい」と言ったと後で聞きました。

危険で邪魔もの扱いされていた石が、貴重なノジュールだと判明した途端、住民の態度が変わったのです。引き上げられた宝は、みんなに見てもらおうと建設した「シビックセンター」に展示してあります。

住民が宝探しを通じてそれまで見慣れていたものの本当の価値を知り、「宝」として認識します。すると、それまで邪魔にしていたものが貴重な宝に変

河原に転がるノジュール

わるとともに、それを保存し、継承しようという意識と行動が芽生えるのです。ノジュールの発見とその後の顚末《てんまつ》によって、私は、見慣れたものの価値を再発見することによって、つまり地域の見方が変わることによって、人は変わるということを知りました。宝の価値の認識により人は変わり、変わる人が増えることによって、その町に住み続けたいと思う人も増えていくのではないでしょうか。

寺の宝は新種の化石

「宝探し」によって、言い伝えを守り代々引き継がれてきたお寺の宝物の思わぬ価値が明らかになり、町中が大騒ぎとなったことがありました。

ある時、創建が鎌倉時代といわれる曹洞宗長寿寺の住職さんがフラッと市役所の窓口にやってきて、「寺の宝として守り伝えられてきた真っ黒な石がある。見にきてほしい」と言うのです。

話をうかがうと、「先代から、『決して粗末に扱ってはならない。ご本尊の脇において大切にすること』と言われて毎日大事にしてきた石があるのですが……。それがい

守り継がれてきたニノヘイルカの化石

ったいなんなのか、ぜひ調べてくださいませんか」とのお願いでした。
早速、自然班が出動しました。寺を訪問すると、約四〇センチの黒褐色をした奇妙な形の石が、紫色のお座布団の上に鎮座しています。しばらく眺めたり触ったりしているうちに、化石を趣味とするメンバーが、「これはどうやら、化石ではないだろうか。しかしこれは今まで二戸で見たことのある化石とは、色も形も違う。この場ではなんとも言えませんので、県立博物館に持ち込んで詳しく見てもらいましょう」と言い出したので、早速借り受けて、後日、県立博物館で鑑定してもらったのです。
博物館では化石の周りにこびりついて固

まっている砂を洗い落とし、徐々に元の形を出していきました。砂は二戸を流れる馬《ま》淵《べち》川のものだったそうで、化石はこの川で生息していた生き物だろうとのことでした。

　そして、最終的に判明した事実に驚きました。寺にあったのはありふれた化石ではなく、太古の昔、馬淵川に棲んでいた淡水イルカの頭部化石だったのです。さらには新種であることも確認され、「ニノヘイルカ」と命名されました。一件の問い合わせから宝が発掘され、その科学的価値も明らかになったのです。私たちがいま立っている二戸の地で、かつてこんな動物たちが泳ぎ回っていたなんて、想像するだけでワクワクしてきます。

　この出来事があってから、二戸では化石ブームが起こり、他にもいろいろな化石発見の報告が事務局に寄せられました。一つの宝の発見が、別の宝の発見へ繋がるという「宝の連鎖」は、地域おこしに最も大切な、自慢と誇りという宝を市民の間で共有する過程そのものであるといえるのではないでしょうか。

ニホンオオカミの毛皮かも!?

今、ニホンオオカミは絶滅してどこにもいません。その原因については、人間に殺されたとか、病気が流行って死んだとか、さまざまな説があります。

かつて明治時代、二戸にもニホンオオカミが生息していました。そして、宝探しによって、ニホンオオカミの可能性がある毛皮が発見されたのです。

旧二戸市の最も内陸部にあたる上斗米《かみとまい》地区に、明治時代に近代的な牧羊業を試みた蛇沼《じゃぬま》牧場があります。名家である蛇沼家では、この事業を立ちあげるため、羊三〇頭を天皇家の御用牧場から賜り、二週間かけて千葉県から連れ帰ったそうです。やっと二戸に連れ帰った羊をしばらく静養させてから放牧をしたその翌日、賜った羊三〇匹が、一晩にしてニホンオオカミに補食され全滅してしまったのです。

落胆した蛇沼家は、牧羊業の敵であるオオカミを毒殺し、全滅させたとの言い伝えが残っています。私も蛇沼家を訪問して見せていただいたのですが、その時使ったとされる毒薬の入った瓶と毒薬を溶かすために使われた茶碗もきちんと保存されていました。
「先生、この茶碗でお茶でも飲んでみますか」と言われた時は丁重にお断りしましたが、この話を聞いた地域の人から、南部藩のオオカミ殺しの毒薬調合法を記した『オオカミ毒薬調合覚え』という古文書を持っていると連絡があったのです。送られてきたその古文書を読んでみると、毒薬の成分は鉱物や植物の種をすり潰したものを配合したようでした。面白かったのは、そこに書かれていた植物は日本にあるものではなくインドに分布する植物だったことです。その時代、南部藩は何らかのルートでインドと通じていたと知って驚きました。牧場の入口に植えられたアメリカスズカケの木は、今では日本で一〇本の指に入るくらいの巨木としてそびえ立ち、その歴史を象徴的に伝えています。

この話にはまだ続きがあります。蛇沼牧場の歴史を聞いた市内のある家から、「ニホンオオカミの毛皮らしいものがわが家に伝えられているのですが、見にきてくれませんか」との情報が寄せられたのです。

一見すると犬の毛皮のようですが、犬にしてはかなり大きい毛皮でした。そこで、岩手県立博物館に鑑定を依頼したところ、状態が悪いので断定はできないものの、ニホンオオカミの毛皮の可能性があるとされました。ニホンオオカミの剝製《はくせい》は世界に六体、そのうち国内には四体しか現存していません。毛皮も、わずか八例しか確認されていないそうで、あくまで可能性があるという条件付きですが、二戸の歴史を今に伝える貴重な発見となったのです。所有者の家には、斗米のほうで撃ったものだとの伝承も伝えられており、蛇沼牧場のニホンオオカミではないか、と想像したくなる宝の連鎖となりました。

二戸のキツネ伝承

二戸には、ちょっと怖いけれどなんとなく暖かさも感じるキツネについての言い伝えがまことしやかに残っています。やってはいけないこと、恥ずかしいこと、知られたくない自分の弱み、自分の住んでいる地域を素敵な場所にしたいといった夢などを、キツネに関連させて伝えていくという風習で、これも地域の大切な生活の宝です。

調査初年の一九九二年の冬のことです。当時の二戸市教育委員で、市庁舎二階で生活班の方々とともに二戸の郷土史に詳しい國香《くにか》よう子氏、郷土史家の黒沢恒夫氏、昔話愛好家の久保田福蔵氏らに、地域に伝わるキツネ伝承やキツネにいわれのある場所について尋ねました。金田一《きんたいち》や福岡地区には実際にキツネが多くいたそうです。「名前を付けてまとめておかないと、いるのかいないのか分からなくなるから」と、よく出会うキツネには、なんとなく名前が付いたといいます。そしてそのキツネに自分のことを重ねて物語ができあがり、それをその地区での生活の教訓として語り継いできているのです。たとえば、以下のようなお話が残っていました。

金田一の船越山でのことです。キツネやタヌキに出会うのはたいてい夕暮れ時です。家に帰ろうと自転車を押して歩いているうち、向こうから車が来て、よけた拍子に間違って斜面を降りてしまった。でもそこからはどうやっても元の道に戻れない。はっと気づいたらぐるぐると同じところを回っている。こういうのを「キツネに化かされたというのではないか」。にっこりと笑いながらこのような話をしてくださった語り部さんは最後に、「じつは、この話は酔っぱらって家路が分からなくなったり、道に迷ったりした時、そんな醜態を知られるのが恥ずかしいので、キツネのせいにしているのですよ」と解説してくれました。そのキツネには「マガチャママンコ」と名付けていたそうです。

また、金田一の丘の上には「トトメギトラコ」という一匹の美しい雌ギツネも棲んでおり、男たちはしばしば騙されたそうです。あるおじいさんが畑を耕しに行った時のことです。ふと気がつくと、もう月が見えるくらい暗くなっていたため、そろそろ帰ろうと鍬を担ぎ坂道を丘の上を目指して登り始めました。すると、大きなお月様をバックに美しい娘が、「おいでおいで」と手を振りながら呼んでいます。おじいさんは突然心が「トトメキ（ときめき）」、急いで坂を駆け上がりました。するとどうでしょう。そこに美しい娘の姿はありません。おじいさんは、「騙された」と息を切らして家に戻り、晩ご飯の用意をしていたおばあさんに、「ばあさん、トトメギトラコに騙されてしまった」と言いました。おばあさんはにっこり笑って、「それは大変でしたね。騙されないように体に気をつけてくださいよ」と答えたそうです。

語り部さんから「先生、これはなんの話をしているのか分かりますか？」と問われ、この話の本当の意味を聞いて笑ってしまいました。

歳を取ってきて畑作業がきつくなってきたおじいさんは、遅くまで作業をして坂を登って帰ると息が切れるようになりました。けれど、おじいさんは自分が歳を取ってきたことをおばあさんに悟られまいと、トトメギトラコのせいにして体力の衰えを隠そうとしている。それを密かに悟っているおばあさんが、「無理をしないように」と受け答えをしている。つまりこれは、人への思い遣りや優しさをキツネに託して後世に伝えているのです。

一八九一（明治二四）年に全線開通した東北本線の運転手が騙された話も残っていました。当時は蒸気機関車でしたが、機関士が時折いたずらしてキツネに石炭をぶつけていたそうです。ある時、夜道を走る機関車の行く手に、突如煌々と光る別の機関車が向こうからやってくるではありませんか。線路は一本。急ブレーキをかけて一寸前で停まったが、気づいたら何もいないのです。これは悪戯《いたずら》を受けたトトメギトラコ、マガチャママンコ、イワダテトラコの三匹の「復讐」だったそうです。

暗い夜道を人はそそくさと家路を急ぎ、闇夜は動物たちのものだった。二戸の夜は今もちゃんと暗い。キツネに化かされたのは昔話と言い切れるでしょうか。

二戸のキツネの話は、イソップ物語のように風刺も交え、それでいて人間味があってほんのりと温かさを感じるものが多く、二戸の人々の人柄が見えてくる気がします。

他にも多くの有名なキツネがいたそうで、うかがった話には次のようなキツネが登場しました。

・オッポキリゴロザエモン——福岡地区在の雄ギツネ。尾が切られていたのは何か悪さをしたのだろうと言われています。

・シタガラゴンボコ——龍岩寺地区在の雌ギツネ。シタガラとは下川原のことをさし、ゴンボコとは酔っぱらってグダグダ言うことをさしているそうです。

・オカラギキンコ——大川原木在。「コ」がつくのは雌ギツネだそうです。

・オオダイラマスコ——大平にいた、これも雌ギツネです。

キツネは川を境界として縄張りを持っていたそうです。夕暮れ時は夜行性のキツネが行動を開始する時間帯。餌を探すルートと人の移動路が重なって多くの人が同じキツネに出会いました。「あの人が会った」「自分も会った」という経験や次世代に伝えたいメッセージをキツネの物語に重ねて継承していったのです。

老人が語る「地域の誇りの物語」

宝探しを開始してから二年が経った一九九四年三月、二戸市市民文化会館で『にのへ再発見』市民報告会」が開催されました。この報告会は、二年にわたって取り組んできた活動の成果報告会を兼ね、市内の宝探しアンケートを開始するにあたってお願いにあがった九地区一〇ゾーンごとにブースをつくり、実際のお宝のほか、宝のリストやマップなどの資料も展示されました。

地域で発見・発掘された数々のお宝をはじめ、会場中央には、以前、馬淵川で発見されたパレオパラドキシアの骨格標本も展示されていました。パレオパラドキシアとは、体長一・五～二メートルほどの現在のカバあるいはセイウチに似た姿をした哺乳類です。カバのように水辺を歩いたり、水中に潜ったりする生活をしていたと考えられています。太古の昔にこの二戸の川辺では、淡水イルカが泳ぎ、カバの祖先のような哺乳類が歩き回っていたのです。動物たちにとっては棲みやすい天国だったのかもしれません。

ステージ上では、宝自慢の神楽《かぐら》や踊りなどを紹介する「お宝発表会」も行われましたが、中でも宝探し分科会の一つである「名人班」委員長の発表はとても印象深いものでした。

「私たちは『長寿も名人の内』ととらえました。長生き名人にその秘訣のお話を聞きにうかがった時のことです。当然、委員たちは健康術などのハウツーが聞けるものと期待していたのですが、お年寄りはそんなマニュアル的な話は全く請合おうとしませんでした。一時間半のヒアリングのほとんどは、『なぜ私は外に出て行かず、地域の中で生きてきたか』という話を自慢げにされたのです。長寿者が、自分が生きてきたことの意味を、自身の人生を振り返りながら淡々と語ってくれたことに、若い委員たちは感銘を受けました」

この話を聞いていた若者の一人は、二戸で生活していくことに誇りと自信を抱くようになり、「住民票を実際に生活している二戸ではなく、盛岡においている自分が恥ずかしくなった」そうで、すぐに二戸に住民票を移したとのことでした。長生き名人は、何をさておいても最初に聞くべき「地域の誇りの物語」の語り部であったのです。

報告会の開催当日は、朝早くから多くの市民がお宝を見ようと押しかけ、午前九時

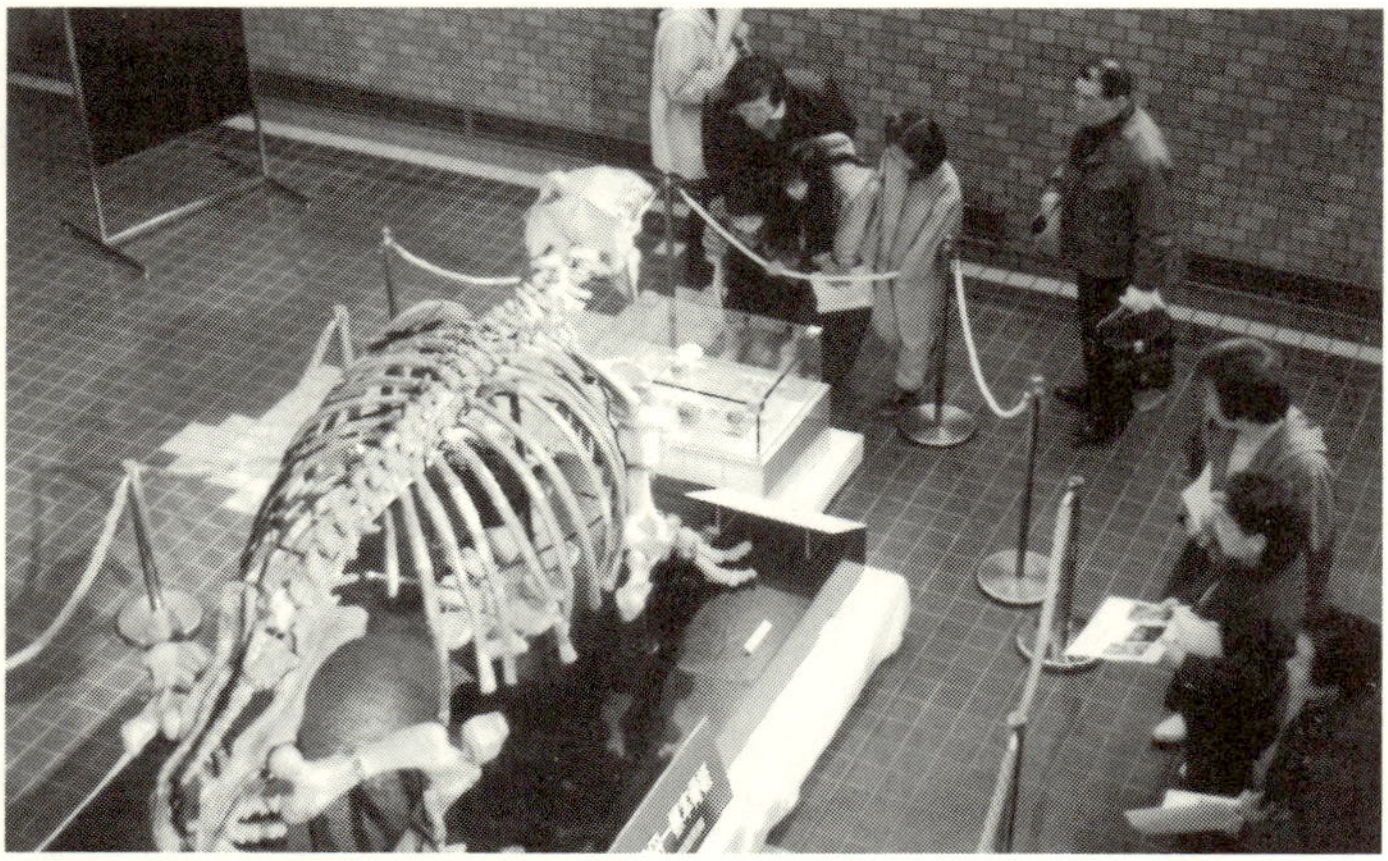

二戸市の馬淵川で発見されたパレオパラドキシア

三〇分に開場すると、並んでいた人々は、一斉に展示会場に向かって走り始めました。

私たちは当然、「来場者は、他の地区にはどんな宝があるのか」を知りたがり、自分たちの住んでいる地区とは違う展示場所へ向かうと思っていました。しかし、来場者は真っ先に自分の地区の展示場所に向かったのです。そして、仲間同士でそれぞれのお宝の説明を始めているのです。

「やはり自分の住む地域のお宝は、まず自らの目で確認して、人に自慢し、説明したいのだ。ここに展示された宝は、専門家が勝手に探したものなどではなく、本当に住民一人ひとりが自分で申告したものなのだ」と、宝探しの成功を確信しました。

宝の発見は連鎖する――贋金づくりの銭座の発見

この発表会は、その後の宝探しに大きな影響を与えました。展示や発表を聞いて触発された市民から、後日さらに宝についての情報が寄せられ、想像もしなかった新しい宝の再発見へ次々と繋がり始めたのです。

発表会では、資料として展示できない踊りなどはステージの上で披露されたのですが、その一つが「銭座節《ぜにざぶし》」という摩訶不思議な踊りでした。

銭座節は文字通り、銭づくりの歌で、市内の仁左平《にさたい》地区の祝いの席などで歌い継がれていた「お宝ソング」です。青色の着物を着た踊り手数人が輪になり、小銭を何枚か入れた手ぬぐいを持って、片手でジャラジャラと振り鳴らしながら、「黄金降る」「若い衆はや〜よい銭ふく歌で踊り狂う」と歌詞を唱えて踊るのです。

大きな声では言えないのですが、南部藩では飢饉になると密銭《みつせん》（贋金《にせがね》）が出回ったそうで、実際、「地元の仁左平地区の山の中で贋金づくりをしていた」という伝承が残っていました。

宝発表会で銭座節の踊りを見ていたところ、隣に座っていた元マタギのおじいさんが突然、「俺、場所を知っているよ。行ってみるか?」と言い出したのです。おじいさんが、「せいぜい一時間半くらいも歩けば行けるところだ。そんなに遠くないよ」と言うので、後日その言葉を鵜呑みにして現地確認にでかけました。

これが大きな間違いでした。元マタギの一時間は私たちのような素人の足では三時間かかる道のりだったのです。私たちは、二メートルはあるネマガリタケの藪《やぶ》を漕いで、平然と進む元マタギのおじいさんに遅れまいと付いて行くのがやっとでした。それでもようやく目的地にたどり着いた時、おじいさんは、「ここだ、ここだ。ここを掘ってみろ」と、背丈以上もある藪の下を掘れと言うのです。

私たちは、もってきた鎌、ノコ、ハサミ、シャベルを使ってみんなでその場所を掘り始めました。掘ること一時間以上。やっと土が見えてきて、根の塊をはがしたその瞬間です。その土の下から、贋金づくりの証拠となる「枝銭《えだぜに》」が出てきたのです。枝銭は、プラモデルの部品のように、中央の部分を軸にして両サイドの枝の先に一文銭がくっついた状態で土に埋まっていました。思わず疲れも吹き飛び、「やった!」と歓声が漏れました。それは、宝が宝を発掘する連鎖の瞬間でした。後にこの枝銭は、岩手県では最初の発見であることが分かりました。

このように地域おこしの原点となる二戸市の宝探しは、市民の間に確実に浸透し、まちづくり活動の原点として定着し、次々と新しい宝の情報が寄せられるようになったのです。

第四章

地域おこしを長続きさせる仕掛け

宝のエネルギーの活用方法――考えられた五段階活用

観光による地域おこしには「光」といえる地域の誇りや自慢を発見することなしには始まらないといえますが、「宝探し」によって発見、あるいは再発見された宝をどのように地域おこしへと結びつけていけばよいのでしょうか。これが分からなくては、まさに「宝の持ち腐れ」となってしまいます。二戸市の「楽しく美しいまちづくり推進委員会」は、一期二年、最長二期四年までとして、一九九二年から活動を開始したのですが、五期目の二〇〇〇年をすぎたころ、改めてこんな論議がありました。

「この宝探しをどんな風にして、まちづくりに活用していったらよいのでしょうか。市民が燃えて集めた自慢の宝のエネルギーの活用方法を話してくれませんか」

この問いに対してみんなと論議し、また私たちが今までやってきた活動や、他の地域の事例を整理してまとめて発表した考えが、以下に示した「探す」「磨く」「誇る」「伝える」「興す」という五段階からなる「宝活用の五段階」です。

この「宝活用の五段階」は、探し出したお宝に手を加え、宝の潜在力を引き出し、

宝活用の５段階

段階		内容
探	宝を探す	地域固有の自然、歴史、文化、産業、人などの資源を地域住民自身が発掘・再発見する
磨	宝を磨く	発掘・再発見された宝を保存・伝承・発展させるための活動
誇	宝を誇る	宝の価値を認識し、地域の中で価値認識を共有するための活動
伝	宝を伝える	地域の外に向かって、宝の魅力を情報発信していくための活動
興	宝を興す	宝を活用して産業に結びつけるための活動

地域の文化的・経済的活性化を達成するまでの過程を段階的に五つに分け、理念的に表したものです。宝の特性により、各段階のフィードバック、繰り返しなどはもちろんあるのです。

各段階は次のような狙いと意味を持っています。

①第一段階「宝を探す」——資源調査

第一段階は、ここまで述べてきたような「地域の誇り探し」です。この作業の狙いは、住民自身による宝を探す活動を通じて、一人ひとりの住民が「自分にとって大切なもの」「自慢できるもの」「残したいもの」「伝えたいもの」などを発見あるいは再発見して、自分と地域との繋がりを改めて感じることです。そして、それを自分だけでなく、周りの住民と共通のものとして認め合い、誇りを一緒に分かち合っていく作業ともいえます。

言葉を変えれば、「私の宝」の発見が「皆の宝」の発見として展開し、一緒に地域に住んでいることの楽しさと奥深さを共有する過程ともいえます。まさに阪南大学の吉兼秀夫氏のいう「記憶の井戸」を掘る作業です。「自文化の自分化」を進める段階なのです。

②第二段階「宝を磨く」——宝の価値を知る

二戸の宝探しで分かったことなのですが、そこで発見あるいは再発見された宝は、そのままではすぐに活用することができないケースがかなりありました。たとえば石垣のように見つかった資源の手入れが悪くて壊れていたり、あるいは、どこにあるのか一般の人には分かりにくかったり、文献には残っていても今は継承されていなかったりなど、すぐに利用することが難しいケースが多くありました。

このため発見された宝を今後に生かすためには、宝を分かりやすくしたり、あるいは修復したりする「宝を磨く」という作業過程が必要です。「磨く」方法は宝の性質によってさまざまですが、具体的には、地域の人々の間で、宝をどう活用し、どう楽しむか、あるいはどう保全、修復、復元するのかといったことになります。住民が知恵を出し合いながら試行錯誤を重ね、より分かりやすく、その宝が最も生き生きしていた元の姿や魅力を引き出し、再現する活動を通じて、宝の価値を認識していく段階といえます。

また、地域住民の間で価値付けされてきた内容だけでなく、外部の専門家による科学的な視点で宝の価値評価を行い、新たな価値を知ることもこの段階の大切な作業です。学術的あるいは科学的価値を知ることは、地域固有の宝の価値がもつ普遍性が明らかにされることに他ならないのです。言い換えれば、地域の宝の科学的で普遍的な価値を知ることによって、固有性への理解や誇りがより深まるといえるのです。

よく、「地域のよさが分かるのは外部の人」だといわれます。地域の内部にいる人にとってはありふれたものであっても、外部の視点が加わることで、地域の固有性を再発見することはよくあることなのです。

このように、「宝を磨く」とは、宝そのものの価値、そして宝が地域の生活にもたらす楽しみや潤い、あるいは観光などの産業資源としての可能性など、宝の多面的な価値を知り、それを住民が共有していく作業の段階といえます。

この段階で重要なことは、宝を磨く人材を発掘して、できる限り多くの参加者を獲得し、地域の中に、宝の価値を理解して、大切に思い、誇りと感じる人々を増やしていくことです。多くの人々が宝に関心をよせることによって、宝の生かし方も多様かつユニークなものとなっていくといえます。

③第三段階「宝を誇る」――地域に対する誇りの醸成

観光によるまちづくりで注意しなければならないことは、大勢の観光客に来てほしいと思うあまり、外部の人のニーズに合わせがちになることです。しかし、外部の人にどう評価されるかが第一になってはいけません。大切なのは、住んでいる人が地域そのものを誇りに思うことから始まるということなのです。

この「宝を誇る」段階は、同じ地域に住む人々に地域の宝を紹介しあい、理解してもらうことによって、地域そのものを誇りに思ってもらう「価値共有の仕掛けづくり」の作業段階を意味します。集まった宝の情報を、より多くの住民に知ってもらうための共有化作業に取り組む段階です。

具体的には、宝を集めて解説した「冊子」や、宝の場所を住民が知ることができる「マップ」や「フェノロジー・カレンダー」(地域の自然の変化や食べ物、祭事、農作業などの生活の一年間の移ろいを、一目で分かるようにカレンダーで表した生活暦のこと)の作成、あるいは宝について学ぶための「宝講座」や宝をめぐる宝ツアーなど、地域住民が地域の価値を知る機会づくりなどです。住民が自ら住む地域の価値を知り共有する場づくり、さらに宝を活用するための紙やデジタルあるいはネット上の地域共有のデータベースの作成、また宝や宝にアクセスするためのサイン計画なども含まれます。これらの多様なメディアや方法を住民自身が編み出しながら、地域全体で宝を共有し、また次世代にも継承する機会や仕組みを作りあげる活動が展開されます。これらの活動を通じて、新たな宝を創造するエネルギーの基盤が鍛えられるのです。

したがって、「宝を誇る」とは、「磨く」段階において獲得された宝の地域固有の価値と普遍的価値の認識と、そのうえに導入された外部の視点からより普遍的な価値を確認する作業を通じて、その認識を地域全体で共有していく作業なのです。

「誇り」をもつことは、誇りえる地域を作っていく行動へと人々を突き動かします。

「誇り」は地域おこしのモチベーションとなり、誇りえる地域へと変身していく手応えと実感に繋がるのです。

そのような「誇りが誇りを育てる」良き循環を生み出すことが、この段階の最も重要な課題です。地域全体が一つの方向を見定め、良き循環を生み出しながら、自律的で内発的かつ永続的な地域おこしのエートスともいうべき文化的風土を培う段階といえるでしょう。

④第四段階「伝える」——地域外の人との宝の価値の共有

第四段階は、地域の宝を外部に向けて発信し、地域外の人との間にも宝の価値の共有を拡大する段階です。

「探す」「磨く」「誇る」段階が「共有」であるとするなら、「伝える」段階のキーワードは、「共感」といってよいでしょう。「誇る」段階において培われ、地域住民同士が「共有」するところとなった地域のお宝の固有性の価値と、より広い見地から見たそのお宝の普遍的な価値の広がりをベースに、地域の外にいる人との交流を活性化させていくエネルギーづくりの段階であるといえます。

外部との交流を通じて共感してくれる仲間を拡大する仕組みづくりが、「伝える」段階の作業です。地域の宝の価値をさまざまな交流活動を通じて外部に情報発信し、知ってもらうことが共感の基礎になるのです。交流を通じて、共有から共感へと発展させることがこの段階の目的といえます。

交流は、まず自身の地域の価値を地域外の人に伝えるための仕掛けづくりから始まります。たとえば、地域の宝自慢を発信するイベント事業をはじめ、エコツアー（発見された宝を一つに結びつけてストーリー化してツアープログラムとしたもの）、自然観察会、ワークショップ、農作業体験、山村留学、体験交流など、さまざまな形があげられます。

また、外部へのお宝の情報発信方法の例をあげれば、地域を歩いてもらうための「マップづくり」や、「ガイドブックの発行」、「ホームページの開設」などをあげることができます（一見すると第三段階と内容的には重複しますが、対象が地域の住民ではなく、地域外の人々であり、これらの人々に地域の魅力を伝えていくことを意味します）。

地域外の人々への「共感」の拡大作業である「宝伝え」は、お宝の誇りを、外部の人が感激する姿を見て「やっぱりうちの宝の価値は、人々にこんなに喜んでもらえる凄いものなのだ！」という確信に変えていくきっかけとなります。

言い換えれば、「伝える」段階にある地域住民は、地域内における宝の価値の共有を基礎として、地域外からの共感を励みとして、次の最終段階である「新たな価値の創造」に向けたチャレンジに果敢に挑むだけの自信と誇りを培っているのです。この「新たな価値の創造」へのチャレンジこそが次の「宝を興す」段階なのです。

⑤第五段階「宝興し」——行きたくなる仕掛けづくり

第五段階では、宝の活用によって、新たな宝の創造・新しいものづくりから産業づくりを行います。

観光によるまちづくりを模索する際大事なことがあります。それは、その地域に来ることができない人や、地域を知らない人に、「どのようにして、その地域に行きたくなってもらうのか」という仕掛けづくりです。この仕掛けづくりの段階がまさに「宝興し」の段階なのです。

地域の誇りに裏打ちされたお宝を活用し、その地域を訪ねられない人にも地域の魅力を自慢し、誇ることのできる「地域固有のブランド商品開発」がこれにあたります。開発され、経済活動を通じて全国に流通していく「ブランド商品」は、言うなれば地域の人に代わってその魅力を伝える「観光大使」でもあるのです。

別の言い方をすれば、発見されたお宝をベースとした新商品を経済的な事業活動へと結びつけ、そのことによって、外部の人を引きつける仕掛けづくりが、「宝興し」の段階といえます。

宝活用の五段階を経て最後の「宝興し」で創造された新商品は、他の地域のものまねや単なる思いつきのものではありません。宝を創り出した地域の自然や歴史・文化の必然性に依拠し、かつ時代の必然性やニーズにも根ざした新たな宝であるといえます。言い換えれば、宝興しによって生まれる新たな宝は、地域性と時代の必然性を担って、未来に地域の魅力を引き継いでいくものだともいえるのです。

その新たな宝が、地域に経済的な成果をもたらす事業資源として活用され始めた時、その元となった地域の宝の存在価値が地域住民により評価され、地域を担う次世代が、この地域で生活していることを誇りに思うことに繋がっていくという、一つの「誇りのサイクル」を生み出すことを意味しています。「宝興し」は、そうしたことも射程に入れ、「宝を探す」ことに始まる永続的な地域おこしの一つのサイクルの達成をめざす段階なのです。

仕掛けがなければ運動は続かない

楽しく美しいまちづくり推進委員会主導の宝探しによって、二戸市の誇りである数多くの宝を探し出しました。私たちは、一九九二年から二〇一二年までの二〇年間をかけてその宝を「宝磨き」「宝誇り」「宝伝え」「宝興し」へと昇華させていったのです。

しかし、道のりはそんなに簡単ではありませんでした。

最大の問題は、同じことを長く続けていると、どうしても活動がマンネリ化していくことです。さらに、関わる人が変わっていくことで誰が活動の中心なのかが曖昧になると、やがて活動は消滅してしまいがちになるということです。また、日本の市町村は大統領制のような制度になっていますから、代表である首長さんが交代すると前の人がやっていた政策を引き継いでも自分の成果にならないので止めてしまう場合が多々あります。

委員会の活動は、このような「マンネリ化」や「首長の交代による活動の中止」という継続の妨げになる課題に直面するたびに、活動に新しい工夫を凝らし、蓄積してきたといえます。

私たちは、次の四つの視点から工夫を凝らしていきました。

①常に市民の目線で行う。
②市民の誇りを基盤にする。
③市民の活動のエネルギーを育てる。
④ネットワークの裾野を市民全体に常に広げていく。

今日まで活動を継続するために、なにが必要だったのか。これから、運動を長く続けるための「秘訣」ともいうべき仕掛けについて具体的に述べていきたいと思います。

組織立ち上げの際の仕掛け①

ボランティアの参加保証で飽きを克服せよ

二戸市の宝探しによるまちづくりでは、推進組織として市民と行政職員からなる「楽しく美しいまちづくり推進委員会」を設置し、その下で進められていきました。

委員会は一九九二年に市民委員三〇人と行政職員のボランティア委員三〇人、合計六〇人のメンバーでスタートしました。ここで特筆すべきは、行政職員として参加する委員の位置づけにあります。

当時の小原市長はまちづくりをスタートさせる時、常々「まちにはお金はないが、職員を含めて自分のまちをなんとかしたいという誇りと意欲を生み出したい」と語っていましたが、その思いを達成する仕掛けの一つが「委員の身分」でした。

宝探しによるまちづくりをスタートさせるために市民に参加を呼びかけ、同時に行政職員にも参加を促しました。その際、次のような呼びかけをしたのです。

「職員の皆さんがまちづくり委員になっても、それは自発的な参加であり、あくまで個人の身分での参加となります。自分が属する役所の部署とは切り離されており、たとえ委員任期中に部署の異動があっても委員であることは変わらないものとします」

これはつまり、「仕事とは無関係」ということです。活動費用も出ません。「あくまでボランティア活動ですよ。ただ、凄い宝と出会えるかもしれませんよ」という内容だったのです。

さらに、小原市長は、「楽しく美しいまちづくり」政策の大義名分の下、参加職員が役所内で動きやすいよう次のような仕掛けを組み込みました。

「宝探しは、本務のほかにやるべきミッションとして位置づけ、委員になった職員には、市長名で辞令を出す」

「基本的には本務を優先するが、宝探し活動が平日の昼にあれば宝探しを優先してよい」

つまり、宝探し活動が平日にあっても、市長の公約である「楽しく美しいまちづくり」を実現する活動という位置づけであるため、上司や同僚にも理解してもらえるというわけです。

このような仕組みによる活動は、まちづくりの担当部署の職員が行う場合とくらべて、「担当者の異動に左右されず持続性をもちえる」「行政の部署間のまちづくりに対する温度差に左右されない」という利点があります。

また個人の資格であることから、「委員会の言動について職員としての責任を問われない」「市民と同じ立場でまちづくりに関わることができる」といった優位点があります。つまり、意欲のある職員がまちづくりに対して熱意を持って取り組んでいけるのです。

後に市長から聞いたことですが、このような仕組みの下での参加活動を続けていくことで、以下のようなことを期待していたのだそうです。

①職員の部署での経験や知識が活動に生かせる。また、役所内で職員の部署異動があれば、職員の間で宝探しの理念や成果の普及が期待できる。さらには、宝探しの活動で得た知識が、後の行政の仕事へ反映される。

②まちづくり委員を経験することによって、職員は二戸市全体について知ることができる。

③宝という共通の話題を通じて、市民とのコミュニケーションが親密に行えるように

まちづくり委員会　第１期〜第９期までの概略

期	年度	班　編　制	主な事業
1	92〜93	①自然 ②生活環境 ③歴史文化 ④産業 ⑤名人 ⑥要望	アンケートによる7400項目の宝情報を左記６項目に分けて整理するとともに、ヒアリング、地区懇談会などにより、市内を９地区とした振興策や全市にわたる宝の活用と整備方向をまとめた計画策定
2	94〜95	①モデル地区活性 ②宝の道整備 ③宝の地図作成 ④サイン計画	地区ごとの活性化事業 宝を結ぶ道の整備計画 地区ごとの宝の地図 宝の案内板、説明板、誘導板など個別計画の策定および事業実施
3	96〜97	①地域活性化事業 ②宝活用事業 ③サイン計画 ④生活の宝調査	宝を生かしたイベント、宝の整備と保護 宝めぐりツアーの企画運営、宝の調査 宝の案内板などの企画とマップ作成 生活文化の調査研究
4	98〜99	①宝の調査 ②デザイン ③地域活性化事業 ④サイン計画	まちづくりアンケート及び宝確認調査 新たな宝活用計画策定 宝を生かしたイベント企画運営 宝の案内板などの企画とマップ作成
5	00〜01	①ミニコミ誌の企画編集 ②ツアーコース＆マップづくり ③宝の伝承活動	追跡調査、宝を紹介するミニコミ誌の発行 ツアーコースづくり 食の宝の調査・伝承「味暦」作成 宝の案内ボランティア養成
6	02〜03	①宝の川 ②宝の道 ③名物づくり ④地域おこし	馬淵川を生かしたまちづくり 宝と出会う道づくり Made in Ninoheづくり 自らが楽しめるまちづくり
7	04〜05	①宝の川 ②宝の道 ③地域おこし	川を生かした交流 散策路の設定と整備 温泉や山里文化を生かした地域おこし
8	06〜07	①協働実践 ②底力構想 ③浄法寺地区宝探し	市民協働による宝を生かしたまちづくり 地域おこし活動の育成・支援 浄法寺地区の宝探し
9	08〜09	①川の道づくり ②街なか再生 ③浄法寺地区宝探し	安比川と馬淵川の調査・マップ作成 歴史的建造物保全と活用イベント 浄法寺地区の宝探し

小保内敏幸「JICA研修会資料 2008.4.21 住民参加型宝探しの手法と進め方“宝とともに生きるまちづくり”」より

なる。

④前述の①～③において、職員の人材育成にも寄与することができる。

このような仕組みの下で続けられたまちづくり委員会への参加と経験は、宝探しによるまちづくりに対する職員の意識を醸成したと言えます。

組織立ち上げの際の仕掛け②

活動に信用を与える地域の人徳者

楽しく美しいまちづくり推進委員会の最大のミッションは、市民から宝を探し出すことです。二戸に代表される東北地方は特にそうなのですが、自らを誇ったり自慢することを美徳としません。平気で人前でそんな話をする人をむしろ敬遠します。なので「地域の自慢である宝を探そう！」と言っても、簡単には応えてくれないのです。もう一つの課題は、聞き取りをする側の委員も、市民から話を聞いたりアンケートをとることが苦手だったことです。

「宝探しは市民にとって意味があることなのですよ。皆さん、頑張りましょう」と発破をかけ、支えとなる人が必要でした。それには、「あの人が責任者で委員長なら話しても安心だな」と思える人を表看板に立てて進めていく必要がありました。

市長たちとこの件について打ち合わせをしていた時、後に小原市長の跡を継いで宝探し二代目市長となる当時の企画課長・小保内敏幸《おぼないとしゆき》氏が、「大人から子どもまで、皆から信頼されている人が、一人いますよ」と切り出してきました。

それはつい最近まで地元の小学校で子どもたちの教育に携わってきた平栗勝城《ひらくりかつしろ》元校長だというのです。小保内氏の「先生に自分や自分の子どもを育ててもらって感謝している人も多いし、信頼も厚い。宝探し委員長に適任です」という推薦があり、平栗氏に委員長に就任してもらいました。

実際に委員会を組織して分かったことですが、教育に携わる方が委員長になることで、それまで活動に疑問を持っていた議員さんや市民の受け止め方が変わり、宝探しに出向いた時も市民の方が素直にいろいろな宝の話を出してくれるようになったのです。

活動をマンネリ化させない仕掛け①

市民の要望をまちづくり計画に組み込め

市民からの宝探しアンケートやヒアリングなどで得られた六つの分野の宝は、成果として宝台帳ともいえる『宝資料集』（第一巻〜第六巻）として集約されました。問題は今後、この誇りが詰まったお宝台帳をどのようにまちづくりのエネルギーに変換していくのかということであり、この問題を解決することが活動を持続させる鍵となっていました。この問いに対して、市長から次のような提案がありました。

「私は『楽しく美しいまちづくり』を公約にかかげて市長になりました。第一歩として市民も職員も手弁当で頑張ってくれて、これほどの成果が出たのですから、どのようにこの宝を使い、どのようなまちにしたいのかというビジョンを、皆で話し合ってつくってくれませんか」

この提案に、市民委員は驚きました。なぜなら、今までまちづくりの事業計画をつくったことなどないからです。もっと驚き戸惑ったのは、職員でした。職員は役所のそれぞれの部署で「〇〇五カ年計画」といった具合にすでに計画をつくっています。この自分の部署でつくっている計画との整合性をどのようにとればよいのかと、仕事と結びつけて考えてしまったのです。

しかし市長は、「心配無用です。実際にできるかできないかは二の次です。大事なのは宝を使って二戸市をどんなまちにしたいかという夢をつくることなのです。予算にも行政計画にも縛られない市民の目線での自由な提案を計画として作成してください」と語ったのです。

この一言で気負いがなくなり、全員のやる気が出ました。そして、一年間をかけて「楽しく美しいまちづくり事業計画」が完成しました。

この計画作成にあたっては、行政計画との違いを明確にするため、以下のように位置づけた上で作業をしました。

●提案内容については、実現の可否は問わない。かつ、いつまでにするのかといった期限は設定しない。

●行政計画とは違い、あくまで「市民提案型」で作成したものである（ここでは、あえて「市民提案型」と称しました。「楽しく美しいまちづくり推進委員会」を中心として組織された六つの班は、それぞれが宝探しに取り組んだ成果をまとめて、その活用計画案を作成します。すべての班の活用計画案を皆で論議してすり合わせた上で、全体の事業計画を作成したいという思いがあったからです）。

これを受け、委員会は、次の方針で計画を作成しました。

●地区単位の計画とする

各地区の宝を市民総参加で生かしていくために、旧集落をまとめた地区ごとの計画とする（九地区一〇ゾーン）。

●各地区の拠点（サテライト）を振興の核とする

地区ごとに特色のあるサテライトを設けることにより、地区の中に活性化の波が広がることを目指す。

●ソフトにも重点をおく

宝とのふれあい方、生かし方などソフトにも重点をおきアイデアを練る。

●リンク構想により活力を高める

各地区がそれぞれ特色のある振興を図り、相互に連携しあうことにより、二戸市全体の活力を高めるようにする。

「楽しく美しいまちづくり事業計画」では、発見された宝をもとに旧町村に近い九地区一〇ゾーンごとに自分たちの住んでいる地区をどうやって楽しい場所にしていくのか、それを実現する道筋とやるべき事業の提案が「市民の夢」として描かれていきました。

計画は、「各地区ごとの計画提案」と、地区を飛び越えた「市全体に関わる計画提案」の二つに整理され、市民が自分の住んでいる地区の未来への課題と夢、さらに二戸市全体を見渡しての未来への課題と夢がいつも意識できるような構成になっています。

もっとも、私も助言者として参加したのですが、実際の作業はそれほど簡単ではありませんでした。各委員はやはり自分の住んでいる地域のことを一番良く知っていますし、その地域を良くしたいと思うのは当然です。たとえば、金田《きんた》一《いち》地区については

表１　地区ごとのテーマと計画提案

9 地区 10 ゾーンの名称	目指したいイメージと振興テーマ
縄文街道探索ゾーン ［斗米地区］	①精霊たちと出会う里づくり ②縄文の心に学ぶ体験の場づくり
風の歌を聴く ロマンゾーン ［御返地地区］	①巨木の里づくり ②伝説と信仰の道の整備 ③郷土の味処の整備
新たな文化の 交流ゾーン ［石切所地区］	①新しい二戸市の都市拠点づくり ②二戸市の玄関口の刷新 ③伝説の谷の環境整備 ④金勢様の活用
二戸日本史発信ゾーン ［福岡地区（九戸城跡方面）］	①歴史に包まれた市民の憩いの場づくり ②九戸城周辺の散策路づくり
二戸商業活性化ゾーン ［福岡地区（中心市街地）］	①特色ある中心商業地づくり ②二戸らしさのある市日の創造
縄文の心を伝える まちづくりゾーン ［堀野・米沢地区］	①歴史のムラづくり ②水と緑のふれあいの場づくり
蛍舞い飛ぶやすらぎゾーン ［白鳥・坂本地区］	①自然の宝庫、折爪岳の環境整備 ②化石とのふれあい ③知られざる山里文化の継承
薬草の里と英雄の 伝説ゾーン ［仁左平地区］	①薬草・ハーブの里づくり ②遥かなる伝説を受け継ぐ ③巨木と滝と化石めぐり
地球と出会う温泉ゾーン ［金田一地区］	① 2500 万年の仲間たちとの出会いの場づくり ②金田一温泉の魅力づくり ③川とふれあい体験の場づくり ④歴史を感じる里づくり ⑤森の保全とふれあいの場づくり
アップル二戸体感ゾーン ［舌崎・釜沢・海上地区］	①二戸アップルランド構想 ②歴史の道づくり ③巨木と滝の道整備

表２　まち全体に関わる計画提案

①	宝を活用するための中心機能	・地域情報センター［シビックセンター内］ ・二戸広域交流センター［二戸駅隣接施設］ ・もりの学舎・ふるさと自然公園センター［折爪岳］ ・昆虫館・化石館 ・かっちゃん生活創造館
②	宝の道の整備	・宝と出会う道の整備［歴史の道、食の道］ ・案内板、標識などの整備［宝の案内板、説明板］ ・沿道環境の整備［花いっぱい運動］
③	宝の川の整備	・排水処理施設の整備［公共下水道整備］ ・川とふれあい・親しむ環境の整備［クリーン作戦］
④	宝関係イベント	・巨木を生かしたイベント ・二戸の楽しみイベント ・郷土史シンポジウム ・雑穀文化イベント ・宝めぐり市民ツアー ・グラフィックデザイン大賞
⑤	二戸ゆかりの偉人・先人の継承	・田中舘愛橘博士記念科学館（文化勲章受章物理学者） ・福田繁雄デザイン館(グラフィックデザイナー) ・ゆかりの場所への説明板の設置
⑥	二戸の名物づくり	・名物料理の開発[四百年前の料理書の料理復活] ・二戸名物づくり体制の整備［地場産品の名物づくり、食の発掘普及］
⑦	情報発信・収集機能の充実	・ホームページの開設 ・アンテナショップの開設 ・情報誌の発刊
⑧	宝活用環境の整備	・ヒメボタルの生息環境保全 ・巨木や広葉樹林の保存とふれあいの場づくり ・化石の保護
⑨	推進環境の整備	・推進体制の整備［市民提案、住民組織の充実］ ・誰もが楽しく体験できる情報検索システムの整備［宝の地図、パンフ、ガイドブック、パソコン検索］ ・都市住民との連携強化［都市との交流協定、産地直送便、ふるさと会］

次のような説明がありました。

「金田一地区といえば、やはり温泉です。今まで大切に利用されて来た金田一温泉は、他の温泉とはわけが違います。アイヌの時代から『キンタルス』と呼ばれ、神聖な場所とされていました。さらに、ここは二五〇〇万年前の化石が埋まっている場所なのです。あの化石の塊であるノジュールもその代表です。そのことを子どもたちにも紹介して、この場所は昨日今日にできた場所でないことを、訴えていきたいのです」

こんなふうに次々と出てくる地区への思いは、聞いている人たちそれぞれの地区への思いを刺激していきました。一つ一つの地区の宝に対する思いの強さが作成途中で委員から湧き出て喧々諤々《けんけんがくがく》でした。人前で自分の自慢をすることが苦手だった市民が他の地区に負けじと、自分の地区の自慢を語り始めたのです。議論の末にまとまった九地区一〇ゾーンごとの計画提案（表1）とまち全体に関わる計画提案（表2）を示しておきます（108〜109ページ）。

この時に提案された市民提案のアイデアは、二〇一六年の段階で九〇%がなんらかの形で実現しています。これはとても凄いことです。

活動を「第二世代」に引き継ぐためには

最初にいかに素晴らしい目標を掲げて突き進んでも、ある一つの活動が永遠に続くわけではありません。委員会を持続化させていく上でもご多分に漏れず、危機的な時期もあったのです。それは初期の高揚と達成感があったがゆえに、新たな成果を期待されることにどのように応えていくかという重圧でした。

第一期から第四期までの「楽しく美しいまちづくり推進委員会」の活動は実に課題が明確で勢いがありました。宝探し活動、宝探しの成果を市民と共有した宝発表会、「楽しく美しいまちづくり計画」の作成と市長への提出、続いて提案された計画にもとづく地区ごとの案内板の設置やマップの作成、説明板の設置というように、宝探しから始まったまちづくり事業は一気に進んできたのです。

その後をうけた第五期の委員会は、委員の構成においても一つの転機でもありました。それは第五期という時期の特殊性にあります。宝探しを立ち上げてきた草創期の市民メンバーが、任期を終えて完全に入れ替わったのです。草創期の委員との関わりがなくなり、さらに行政職員の参加者もこれまで宝探しによるまちづくりとは関わってこなかったスタッフに入れ替わった時期なのです。第五期委員会は、いわば第二世代に突入したのでした。

ここにおいて、「宝の活用による新たな展開を自分たちでどうしていくのか」「また、それを支えるまちづくりに対する熱い思いの持続化をどのように市全体に広げていくのか」という二つの困難なミッションを担わなければなりませんでした。まさに、未知の領域である次のステップへの飛躍が求められていたのです。

これらをいかに実現していくのか。委員たちは時間を見つけては集まって論議を重ねました。

「イベントをやりたい」と言う委員、「そんなイベントで人集めを考えるより、まずは、宝探しやまちづくりをもっと市民に浸透させなければならないのではないか」と言う委員。委員会ではさまざまな意見が出されました。市民委員、行政委員が立場を超えて論議したこの時間の共有が、お互いの結束を強め、結果として今まで以上にまちづくりに意欲を燃やしていくことになったのです。

論議の結果、女性委員から出された、宝探し活動紹介の季刊ミニコミ誌『たがらっ

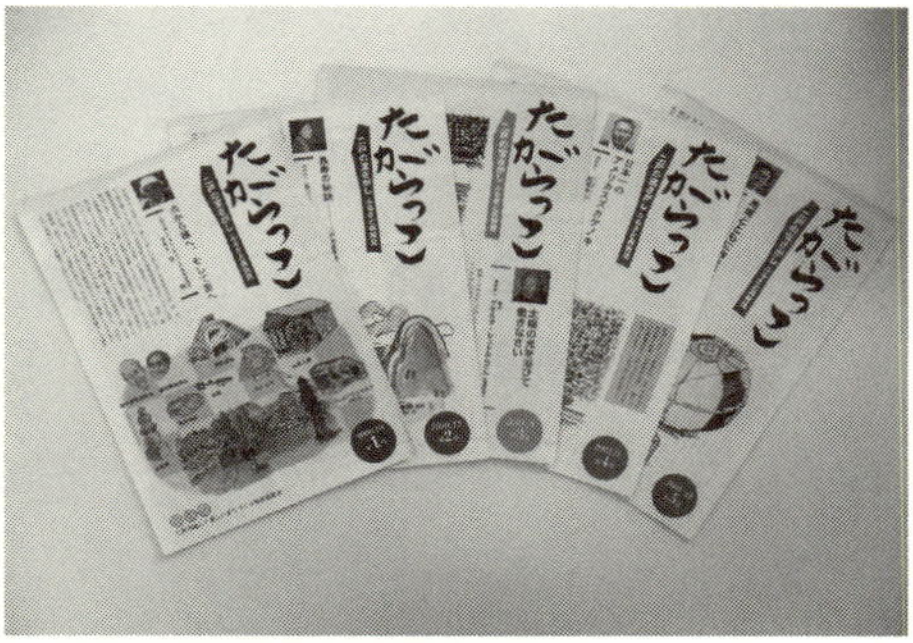

二戸の宝を紹介したミニコミ誌『たがらっこ』

こ』の発行案が認められ、事業として実施されました。新しい宝のヒアリング、原稿依頼、原稿執筆を行い、写真を撮り、題字は初代のまちづくり委員長を務めた平栗元校長先生が、イラストは中学校の美術教師であり画家でもある、第二代目の委員長・冨田喜平司元校長が担当しました。まちづくり委員会有志が、雑誌の企画・編集・原稿作成までを行ったのです。内容は「宝探し」の継承活動による新たな宝の発見と紹介、そしてすでに発見された宝の解説です。このミニコミ誌は宝探しの継承を市民と共有していくためのメディアの役割を担っていきました。

もう一つ承認された事業案は「まちづくりフォーラム」でした。このフォーラムは、「二戸の最も大切な宝は人である」との確信を「皆が宝」というフレーズに込め、「皆が宝・皆の宝」と題しました。第一期、第二期委員会のまとめ役であった部会長をメインのパネラーとして招き、宝探しの意義や宝探しの苦楽を語ってもらったのです。

舞台は机ではなく、長《なが》ごたつのしつらえで、気楽に話してもらう「こたつ談義」を演出しました。パネラーは半纏《はんてん》を着込んで、実際にこたつ布団のかけられた机に座り語り合います。会話がおのずと二戸弁（南部弁）になり、なごやかな雰囲気のフォーラムになりました。初期のまちづくり委員会の事業と比べて派手さはないのですが、満席の会場、なごやかな雰囲気の中で時が流れていきました。

前に述べたように、活動を通して初期の高揚と達成感が永遠に続くわけではありません。また次の頂点を目指して速やかに新たな展開へと移行することはたやすいことではないのです。苦しい試行錯誤や模索は避けられません。

二戸のまちづくりも、「山あり、谷あり」だったといってよいと思います。率直にいって第五期、第六期は模索の時期でした。しかし、そうした苦しい時期にあっても、「宝探しによるまちづくり」の旗を降ろすことなく、地域の誇りである宝のもつ力を信じてもがき続けたことが、二戸のまちづくりが二四年を超えてなお今日まで継承されていることに繋がっているのです。この期の委員たちの絆は固いものとなり、まちづくり委員の任期終了後にOB、OGそれぞれが仲間を募っていくつかの活動グループをつくって活躍していきます。この第五期、第六期のメンバーは「WAの会」という組織をつくり、今もまちづくりの活動を続けています。後で述べますが、このように委員会活動から新しいグループが誕生していくことを、私たちは「暖簾《のれん》分け」と呼んでいます。

まちづくりを続けていくためのキーワードは、「仲間とともに新たな課題を発見する」「より多くの仲間を巻き込み拡大させる」ことであるといえます。一つの活動を続けていると、成功の裏で、同時に新たな課題が生じます。その課題に対して諦めることなく新たな課題を発見し、その活動に多くの市民を巻き込み、仲間をつくり、裾野を広げていくこと。この繰り返しが活動を続けていく秘訣の一つなのです。

活動をマンネリ化させない仕掛け②

一期二年ごとの課題を設定せよ

前にも述べたように、楽しく美しいまちづくり推進委員会は基本として、一期二年で最長二期までという期間をもうけ、その都度委員の入れ替え制にしました。活動がマンネリ化しないように、また活動ができるかぎり市民の間や市役所内の職員の間に広がっていくようにするためです。

さらに各期の活動にもう一つの仕掛けを組み込んでいます。それは、たとえば、第一期の委員会は自然の宝班から要望の宝班まで六つの班に分けて活動をしたのですが、第二期以後は第一期委員会が作成した「楽しく美しいまちづくり事業計画」をもとに、委員会が中心となって実現可能な宝の活用の具体的な課題を設定し、その目標達成のための班の再編成を行ったのです。

第二期では「お宝の地図作成班」「サイン計画班」「モデル地区活性化班」「宝の道整備班」などを立ち上げています。そしてたとえば宝地図の作成にあたっては、地域の人に頼んでお宝の場所まで案内してもらったり、昔のお宝写真や資料の提供をしてもらい、この運動に協力する市民のネットワークを地域の奥深くまで広げていったのです。

このように第一期委員会で策定された市民の夢を載せた計画が、次々と引き継がれていき、まちづくりが確実に進んでいったのです。

ただし、確実に進むことと、継承して続けることが保証されることとは別物です。長続きさせることはそんなに簡単ではありません。では、どのようにして二戸では継承ができているのか、その一例を紹介したいと思います。

政治に左右されない仕掛け――条例制定が未来を変える

二戸市の宝探しによって発掘された宝の価値に対する認識が市民の間にだんだんと浸透し、共有され始めました。すると、お宝を自慢する人が増えるだけでなく、「これもお宝だ！」と、新たなお宝が次々と委員会に持ち込まれるようになっていきました。その一つが、一九九五年に宝探しで取り上げられた「カワシンジュガイ」です。なんとこのお宝が、国を動かして公共事業の計画を変更させたのみならず、二戸の未来も変えたのです。

発端は、一九九八年に国による農業用水確保のための揚水機建設計画が明らかになったことです。この揚水機建設事業は、お隣の一戸町《いちのへまち》と二戸市の馬淵川《まべちがわ》沿岸に広がる二八一〇ヘクタールの畑地や果樹園の灌漑事業として計画された大志田ダムと流域四カ所の揚水機場、およびパイプラインの建設を計画する、国による大規模な農業水利事業でした。二〇〇八年を最終年として、一九九三年に着手、その一環として米沢《まいざわ》地区の揚水機場設置が計画されており、二〇〇一年の着工が予定されていました。

建設計画地は川底の岩盤が硬いため堰《せき》を設置する必要がなく事業費を抑えることができ、また安定取水にも適しているところから選ばれた場所でした。ところが、私たちが行った宝探しによって、一九九五年にこの予定地の下流一〇〇メートルに、カワシンジュガイの生息地が発見されていたのです。

計画通りに建設が行われた場合、カワシンジュガイの生息地付近も護岸工事の範囲に含まれることから、生息地の破壊が危惧され、これに気づいた地元住民が建設地の移設を求めました。

カワシンジュガイは北海道と本州に分布する淡水産の二枚貝で、主に山間の冷たい渓流に生息しています。成長は遅く、一〇〇年以上もの寿命をもつといわれています。市街地の比較的大きな川に生息する例は珍しいといいますが、環境省が行う絶滅危惧種や希少種としての保護指定はなされておらず、国の行う公共事業などでその生息地が破壊される危険があっても、通常、計画変更は難しいのです。

しかし、二戸市の場合、宝探しはまちの未来をつくる大切な活動です。委員は行政と市民の両方から構成されており、そう簡単に引き下がるわけにもいきません。普通なら、そこから「開発反対！」という市民運動が始まるのですが、二戸では違いました。国側も専門家を交えた委員会を設け、カワシンジュガイの調査とともに保護の方策を検討するとの柔軟な姿勢をみせてくれたのです。その結果、一年の検討後、七〇メートル下流の左岸に建設地を変更することを正式に決定しました。特別に指定されていない生物の保護のために、一度決定した計画を国が変更することは極めてまれなことです。

国は計画変更に動いたことについて、「児童の情操教育に役立つなど、地元の人たちの生息域を大切にする気持ちが大きかった」と述べています。国からはまた、「二戸の宝についての熱い気持ちは伝わってきますが、このカワシンジュガイを含めて二戸の宝が本当に大切で未来まで守っていくものだという証をつくってほしい。そうすれば、話し合いによって計画を変更した論拠ともなる」という要望もありました。

こうした要望が国から出てきたということは、国を意識させるほどに、すでに六年にわたって続けられてきた宝探しの成果が市民の間に浸透し、宝を守ることの大切さや宝を生かしたまちづくりが住民の合意として定着していたことを示しています。また、住民に宝探しのアンケートをした際に、そのお宝がどこにあるのかを地図で描いてもらい、お宝マップが地区ごとに作成されたことによって、お宝の情報が住民に共有されていたことに意味があったといえます。

この「カワシンジュガイ保全問題」は宝探しにとって、いままで気づかなかった大きな問題の所在を明らかにする出来事でもありました。

二戸市ではそれまで、市民自身の誇りである宝の価値を探し、再確認することで、保全意識を向上させることが関心の中心でした。市民以外の人がどう思うかということは、あまり意識していなかったのです。ところが、市の外部から宝の存続を脅かす出来事が計画として持ち上がってきたわけです。国の行政計画の必要性という価値と、地元住民の愛すべき価値とが衝突したのです。

国からの提起は、「今の市長さんが『宝を大切にします』と言っても、市長さんが代わった時、それが担保される保証はないですよね。どうやって未来に担保していくのですか」と問われていることでもあったのです。

米沢揚水機場建設事業がもたらした教訓は、市の外部に対して宝の保全を主張し、担保しえる制度的根拠の必要性でした。法的な対抗力はともかくも、市民の合意を形に表した何らかの制度的根拠なくしては、国、県の公共事業あるいは民間の開発行為などに対抗して宝を保全していくことはむずかしいことを痛感させられたのです。国の事業計画の変更を促すには、言うなれば「大義名分」が必要なのです。

市長から私に「どう対応すればいいだろうか」という相談がありました。

「真板先生、あまり厳しい内容の条例は無理だけれど、憲章的な条例の形で市としての制度制定を市議会に提出したいと思います。このことで私が辞めても、宝探しが続くようにしておきたいのです」

市長はこの約束をはたし、外部に未来への担保の姿勢を示したいと考えていました。そこで、早速、二戸市で条例の作成に取り組み、市制三〇周年を記念する二〇〇一年の六月に、「二戸市　宝を生かしたまちづくり条例」を制定しました。

制度をつくるということは、同時に、後戻りできないところに自身を立たせることでもあります。条例の制定は、二戸市が市行政の変化によってまちづくりを途絶させることなく、永続的に取り組んでいく意思を内外に表明することでもあったのです。

活動の「暖簾分け」と行政支援――やりたい人にはもっとやらせろ

一期二年で進めてきた委員会は、多くの委員が入れ替わっていきました。では、まちづくり委員会で宝探しに参加し、任期を終えた市民委員はどうなったのでしょうか。じつは、そうした委員の活動支援の仕掛けが、市民活動を大きく成長させていくのです。それが、私たちが「暖簾《のれん》分け」と呼んでいるものです。

まちづくり委員会の長年の活動の間に、市民のグループの自発的活動があちこちで始まっていきました。新しく組織されたグループの中には、まちづくり委員の任期を終えた、同期生（OB、OG）がその後もグループをつくって活動している例も現れたのです。たとえば、今では有名な「二戸の雑穀」をブランド品にまで作り上げた「伊加古《いかこ》・雑穀の会」や第一期から第二期までの委員会を委員長として仕切ってくださった平栗元校長主宰の「金田一地区朝市の会」、集落の中でエコツアーを始めた「ぎばって足沢《たるさわ》・70の会」など、委員会活動を引き継ぎ、自分たちの住んでいる地区の宝を中心にさまざまなグループが自発的に誕生し、活動を開始していったのです。

私たちはこのような動きを、祝福の意味を込めて「暖簾分け」と呼んでいるのですが、これは、市民の間に宝の価値の共有化（宝誇り）とネットワークを創ろうとしていることの証左といえます。また、その宝の価値を外部の人にまで伝え、多くの人々を引きつけようとする「宝伝え」活動の開始も意味していたのです。

しかし、「暖簾分け」は、一つの活動の終わりも意味していました。市長からの呼びかけで結成された委員会活動から、今度は市民自身が自主的にグループを結成し自発的に動き出したのです。言い換えれば、まちづくり委員会主導の宝探しの役割が終わりを告げ、次々と生まれてくる市民活動の芽をどのように育てていくのかという段階に入ったといえます。

自発的な市民活動グループが生まれてくる機会をチャンスと捉え、活動の芽を育てるために新たな仕掛けを打ち出した人がいました。その人こそ、ここまで企画課長として市民の宝探し活動を支え、二〇一〇年一月に小原市長からその座をバトンタッチされた宝探し二代目市長・小保内敏幸氏でした。

小保内市長は、就任するやいなや、二戸市内の旧集落や地区でまちづくり活動を支援する「町内会活動支援制度」と市民グループ単位でまちおこし活動を支援する「市民活動支援制度」の二つの活動に交付金を出す仕組み「まちづくり事業補助金」を打ち出しました。募集にあたっては「地域資源を生かした独創的な事業であること」「地域課題の解決を図る事業であること」という条件を設け、補助額は三〇万円、期間は三年までとしました。

この仕組みが制度化されることによって、資金的な補助制度をともないながら自発的な市民グループの役割がまちづくりの中に明確に位置づけられました。

助成対象の選考には、第一期から第九期までを務めた委員のOB、OGが加わっています。前の仕組みをしっかりと引き継ぎながら、次の新しい仕組みがつくりあげられているのです。補助の対象となった活動は、まさに二戸市の一八年間に及ぶ「宝探し」で発見・再確認されたお宝を、もっと自分の集落や地区の住民に知ってもらい、自慢しながら共有する、まさに「宝誇り」活動そのものでした。「町内会活動支援制度」は二〇一一年度から開始され、延べ二四団体に助成、「市民活動支援制度」は二〇一三年度から開始され、延べ三七団体に助成しています。以下にその代表例を紹介しましょう。

よりゃんせ金田一――「ゲッパそりレース大会」

「ゲッパそり」とはスケートのような刃を装着した舵《かじ》付きのソリのことをいいます。この地区で昔からあった冬の遊びでした。このゲッパそり遊びこそ地域のお宝だとして、子どもたちに伝えていこうと、地域の大人たちが中心になって二〇一三年から活動を始めているものです。

第一回は二〇一四年一月に実施されました。市内の子どもたちを中心に二四人が参加し、そのうち一〇人は前年の一二月に行われたソリの制作会に参加しており、自分のソリを持っての参加でした。子どもたちは意気揚々おおはりきりで、金田一温泉観光りんご園内に作られた約一八〇メートルのコースを滑って競争したのです。

準備段階のヒアリングでは、「かつて私たちが寒い日に楽しんだ遊びを、家でこもってしまう今の子どもたちに伝えたい」「昔は速く滑るよう工夫しながらソリをつくったものだ。物をつくる楽しさも感じてほしい」といった意気込みが、地区の大人たちから聞かれました。提案者は、「この特殊な形をした刃を作ってくれる鍛冶屋さん

ゲッパそりを楽しむ子ども

は、すっかりいなくなってしまった。たくさんのソリが作れず、参加者を限定せざるをえないのが残念だ」と嘆いておられました。

一方ソリの制作に参加した子どもたちは、刃の取り付けやハンドル部分と舵を連動させる仕掛けの調整に結構苦労していたようですが、「くぎ打ちが楽しかったです。自転車のように木のハンドルを左右に動かすと舵が左右に動いて面白そう。早く試してみたい」とやる気に満ち溢れていました。

子どもたちに実際に滑った感想を聞いたところ、「すごく気持ちよかった。他のコースでも滑ってみたい」という意見が多くあり、活動の成果は上々でした。コース作りに協力した金田一観光りんご園の代表者からも、「単発に終わらず今後も開催するよう、金田一の活性化と結びつけてもらえないか」といった要望もあり、補助金の切れた二〇一六年度も実施されることが決まって、三年目を迎えるに至っています。

これまでまちづくりについて一緒に考える機会のあまりなかった農家の人たちや温泉の関係者といったそれぞれに立場の違う住民たちが、この企画を通じて密接に繋がり、まちを皆で盛り上げていこうとする機運が高まったことが、最大の成果といえるのではないでしょうか。

奥山町内会「歴史ある道」の再現・整備事業

二〇一五年秋のある晴れた朝、私は歴史の坂道「こわ坂」を息を切らしながら登っていました。

奥山町内会の五人の方々から、「整備した道を一緒に歩いてみませんか」というお誘いがあったのです。道幅五メートル弱でくねくねと曲がったきつい坂道が続きます。雪で倒れて道の両脇を塞いでいたであろう木々が、整備で短く切られ、所々に積まれています。そこには山の神様が「道をきれいにしてくれたごほうびですよ」とプレゼントしてくれたような美味しそうなキノコが、良い香りを放ってたくさん生えています。

息を切らしながら歩くこと三〇分、「体力の限界かな……」と思える曲がり角にさしかかった時、「先生、いい景色でしょう。ここから九戸城が見渡せますよ」と声をかけられました。スギ木立の間から、遠くに悠久の時を感じさせる九戸城を望めました。

九戸城は二戸市の歴史の象徴といえる城です。じつは私たちが登ってきた道は、いまから約四〇〇年前の天正一九（一五九一）年、「九戸城の戦い」の際、足沢《たるさわ》集落からこの「こわ坂」を経て奥山の集落を通り、九戸城に駆けつけようと進軍した、足沢《たるさわ》兵部義平《ひょうぶよしひら》の足跡をたどる歴史の道だったのです。「足沢城から甲冑に身を固め、多くの家来を引き連れて進軍する途中、足沢部義平はきっとこの場所から九戸城を眺めたのだろう」と当時の状況に思いを馳せました。私はこの景色を見ながら、ふと「なぜこの道の整備を思い立ったのだろうか」と思い、その理由について尋ねてみました。

するとプロジェクト代表者の一人である奥山集落の小野寺玲《あきら》氏が、次のように話してくださいました。

「町内会の仲間で集まって食事をしていた時、だんだん年寄りが増えて村が衰えていく中で、なにか村の活性化に繋がることはできないかという話になりました。そこで二戸の『宝資料集』の第一巻から第六巻までを読んでみたんですね。そしたら第三巻『歴史の宝編』に、足沢集落からこわ坂を通って奥山集落を抜けて九戸城に至る歴史の道の記述を見つけ、興味が湧きました。自分の集落の歴史を記す貴重な話ですから。こわ坂が自分の住む奥山集落のすぐ隣だったこともあって、『なにかできないかな』と、歴史に造詣の深かった二代目・小保内市長に相談したんです。市長は他の資料も取り出して、ちょっと難しそうな顔をしながら、少しうれしそうにおっしゃったんですね。『私も前からこの道に興味をもっていました。資料には、一五九一年、九戸政実が、豊臣政権に対して反乱を起こした際、足沢兵部義平が「九戸《くのへ》政実《まさざね》を助太刀すべし」と言って足沢城を出発し、このこわ坂を通って九戸城に向かった古道があったと記されています。今は倒木で埋もれているかもしれませんが、きっと探せばあるはずです。こわ坂は、四八曲がりもあり、あまり急いで通ると怪我をする難所であったことから、この名前が付いたらしいのです。昔の道は必ずどこかにあるはず。探してみて九戸城に至る古道を再現してみませんか』。そう話す小保内市長の顔に、私たちはロマンを感じました」

そして、二〇一四年の春から始まったのが、この整備事業プロジェクトでした。

九戸城を遠方に望みながら、「先生、もしかして、ここから九戸城が敵に囲まれているのを見て、足沢兵部義平は諦めたのかもしれません」という解説も入り、私たちの心はしばし昔にタイムスリップしました。

この奥山集落は六〇世帯ほどの小さな村ですが、八〇〇年以上も続く非常に古い集落です。その昔、県内には「渡り木挽《こび》き」と呼ばれる木挽職人のグループがいたのですが、その木挽の歌う「木挽唄」にも、「ハァー、木挽居たよだ、ハァあの沢奥にヨ、ハァ今朝もやすりのオヤサハァ音がするヨ、わたしゃ南部の奥山育ち、朝は早よから木挽唄よ」とその名が出てくるほどです。

今でも春から雪が降るまでの間には、二週間に一度の頻度で轆轤《ろくろ》作業を続けているそうです。

一九七〇年に発刊された『語りぐさ二　九戸政実』（二戸タイムス社）のあとがきで、編者の黒沢恒夫氏は、このような古老の談話をもとに史実を発掘していく宝探しを、「つまらない話、ややもすれば黙殺されそうな話、やがては語り継ぐ機会もなき、消えて行く伝説の中から、真実を探り当てようとする仕事です」と述べています。この語りは、「歴史ある道」プロジェクトを実行し、昔の出来事に思いを馳せ、真実を引き継ぎ、この集落で生活することに誇りを持ち続けたいとする思いに相通じるものがあるような気がします。

第五章

誇りで飯を食いたい！

ブランド化戦略で「観光の磁力」を強化する

観光によるまちづくりというとよく、「どうやって観光客を増やすか」「そのために観光客の喜ぶものをどう用意するか」を語る人がいますが、それは大間違いです。

地域が観光客のニーズに合わせてものづくりをしたり施設を用意したりする観光の時代は終わりました。住民総参加の持続的な観光まちづくりを進めるために、これからは、地域に蓄積されてきた文化力に磨きをかけ、「観光の磁力」を高めて、まだ来たことのない人々にその魅力を伝えて引きつけていく「観光戦略」が必要なのです。

私は観光推進には二つの視点が必要だと考えています。一つは、外から来る人に自慢できるものを探し出して紹介し感動を与える仕掛け。もう一つは、地名を聞いたこともないような人に「いつかそこに行ってみたい」と思わせる仕掛けです。

二戸市の場合であれば、探し出した「宝」をもとに誇りの詰まった商品をつくりあげ、その商品を通じて地域の魅力をアピールし、「観光大使の役割」を担わせます。

つまり、人を引きつける「観光の磁力」を強化する仕掛けづくりです。私はこれを宝興し作業による「地域ブランド形成」と呼んでいます。

私たちの活動によって、二戸では三五〇〇以上の宝が発掘されました。しかし、一度にそのすべてを「宝興し」という商品化の段階にもっていくことは到底できません。そこで二戸では、多くの市民が記憶を共有していて、活用の軸として認められやすい宝を委員会で定め、それを商品化する手段を組み立てました。必ずしも一つではないのですが、この選ばれた宝を私たちはブランド形成を目指した「戦略的宝」と呼んでいます。まちづくりへの効果からすると、この「戦略的宝」は、市民の間のネットワークを創出・拡大する「核」ともいえます。

ブランド商品の形成に必要な三要素

宝興しによって創出される「戦略的宝」を活用し、ブランド化された商品は、地域の顔ともなるものです。それは他に真似のできない固有性をもつ地域の自慢の表現として、内外へメッセージを発信できるものでなくてはなりません。

ところで、最近よく使われるこの「ブランド化」とはなにを意味する言葉でしょうか。普通の商品開発とどこが違うのでしょうか。

これに関して、私はある方から教わったことがあります。その方は京都の老舗中の老舗といわれる料亭「京都吉兆」の会長である徳岡孝二氏です。一緒に食事をしていた時のことです。徳岡氏が、「真板先生、京都には長く続いている老舗料亭やものづくりの老舗がたくさんありますが、長く続く秘訣はなんだと思われますか？　私はなにかを守って続けていくということは本当に大変だとつくづく思います。日本には『老舗』と称される店が多いことで世界でも有名です。その中でも京都は、特に老舗が多い。老舗料亭を守るということは、簡単ではありません。今風に言えば、その店の食の『ブランドイメージ』を守り、引き継いでいくことは大変なのです」と語られました。ブランドイメージとはなんで、それを守り引き継いでいく秘訣はなんだろうか。改めて考えてみると、答えはすぐには出てきません。

すると徳岡氏は私を諭すようににっこりと笑い、「私の経験からの答えですが、お教えしますね」と話し始めました。私は京都でも有名な料亭が存続の秘密を解き明かしてくれることに、胸が高鳴りました。

ブランドイメージを創出するためには、「満たすべき三つの要素」があるというのです。それは宝興し地域ブランド形成のための三要素といってもよいもので、私の言葉に置き換えて説明すると次のようになります。

①商品がなぜこの地域にあるのか、なぜここでなくてはならないのかなど、歴史や風土に裏打ちされた理由付けや理念が確立され、かつ仲間にそれが徹底されていること。
②道具立ての説明と維持、つまり宝興しの商品の地域固有性という正統性を示せること（商品形成に関わっている道具や、商品を構成する材料がその地域固有のものから成り立っている商品であること）。
③場の説明や公開、つまりその商品を生み出していることを象徴する環境や場がしっかりと設定されていること。

①の要素は、「なぜこの地域でこの商品がつくられているのか」「なぜこの店がここにある必然性があるのか」という理由付けです。よそから借りてきた理屈ではなく、宝探しによって記憶の井戸から発見された宝の固有の価値、普遍的価値にもとづき、その価値を元に地域自慢ができることをしっかり説明することが大切です。

そのブランドの対象となるものに誇りがどれだけ込められているかが、「格式」や「権威」となり、人を引きつけるエネルギーとなるのです。「地域の歴史や風土に裏打ちされた地域自慢の決まり文句」といえば分かりやすいかもしれません。

②の要素は、その商品を構成する素材や生産技術は、地域固有のものでなければならないということです。なぜなら、真似をされて同じような商品が出てきても、商品が地域固有のものであれば正統性の主張に繋がるからです。流行りの言葉で説明すれば、「地産地消の材料で商品が構成されていること」とでもいえましょう。

③の要素は、第二の要素を証明する理想的な場が維持されていることです。いわば、格式や権威性を象徴する聖地が維持されているといってもよいと思います。

徳岡氏は、このような三つの要素を満たすことによって、商品は地域ブランドとして維持され継続されると教えてくれました。

雑穀を「戦略的宝」にする

宝探しで戦略的宝を選び出し、ブランド形成の「宝興し」まで市民総参加で進めていくプロセスの実践こそ、まちの魅力を外に向かって情報発信していく重要な柱です。
二戸市の例では、そうした戦略的宝の一つが地域では貧乏の象徴とされていた「雑穀」でした。この雑穀について、一〇年以上の試行錯誤をしてきたのです。その道のりを見ると、行政の施策、生産者グループ、郷土料理に関心のある市民グループ、民間業者など、さまざまな関係者が雑穀の活用を中心に関係者ネットワークを徐々に広げながら、二戸を代表するブランド形成という新しい宝の創造に取り組んできたことが分かります。

宝探しを始めて数年後、東北のある小都市で開かれたセミナーでのことです。「楽しく美しいまちづくり推進委員会」に行政職員として参加していた「生活の宝班」の部会長が、壇上にあがって挨拶をしました。

「私も農家の子どもでヒエ飯を食べて育ったほうでございます。今まではどちらかというと、なるべくそんな話はしたくないという心情でございましたが、ここにきてようやく自信をもちまして、じつは、それがいまでは最高のことだったなと考えを新たにしております」

その目には涙が浮かんでいました。後で分かったことなのですが、毎日の給食のお弁当に雑穀の弁当を持っていき友だちから笑われ続けた辛い経験があったそうです。そんな雑穀が、宝探しで一転してまちの誇りになったことに感激していたのです。

二戸市では真夏でも冷たい「やませ」が吹きつけ、かつては稲作に不向きな地といわれていました。冷害、干ばつと自然災害に打ちのめされてきたこの地域の人々が、命を繋ぐために約一〇〇〇年以上も前から栽培していたのが雑穀です。雑穀は、東北の食生活には欠かすことのできない作物の一つでもありました。

雑穀は生命力が強く、米の栽培に向かない土地にも育ち、地域の人たちを大飢饉から守ってきました。雑穀の中でも特にヒエは冷害に強い作物です。江戸時代の天明と天保に五年連続で起きた冷害によって、大勢の人が亡くなりました。しかし二戸では、冷害に強いヒエのおかげで、飢えをしのぐことができたそうです。他にもアワ、ソバ、キビなどの多数の雑穀が栽培されていますが、雑穀とは貧しさ苦しさの象徴でした。

二戸では、まるで貧しさを笑うかのように、雑穀入り飯に「神楽飯《かぐらめし》」とか「蛍飯《ほたるめし》」といった皮肉を込めた優雅な名が付けられています。神楽飯とはヒエにトロロをかけた飯のことで、ヒエトロ、ヒエトロ、ヒョートロとなって、神楽の笛の音にかけて「神楽飯」と呼ばれています。「蛍飯」とは、黄色いヒエの中に白米がポツポツと光るさまをホタルにたとえて呼んだ名前です。昔は小学校のお弁当にこの「蛍飯」を持っていけば、仲間から「お前は今日も蛍飯か」と馬鹿にされ、手で前を隠すようにして食べたそうです。

しかし、宝探しによって、二戸市の雑穀食がいかに健康的なものだったかを証明するお墨付きが発掘され、雑穀への意識は一変しました。かつてＷＨＯ（世界保健機構）が、がんと成人病とビタミン摂取の関係を研究するために食事調査を行った際、二戸市は胃がん発生の少ない地域として日本における調査対象地となったのです。ヒエやアワなどの雑穀を取り入れ、山の幸はもちろん、山間にもかかわらず海の幸を豊富に取り入れた食事は栄養バランスがとれ、健康的な食文化を持った地域と称賛されたのです。

今や雑穀は二戸の特産品となり、日本最大級の雑穀産地とされています。貧しさの象徴であった雑穀が、二戸の食文化の優れた点を象徴する存在となり、それによって二戸は「食による健康を代表する地域」に高められていったのです。

「貧しさの象徴」がヒット商品に

ＷＨＯのレポートを市民の誰もがすぐに受け入れて、すぐさま雑穀に対する負のイメージが払拭されたわけではありません。

雑穀と関わることで、「二戸の貧乏なイメージを再び呼び覚ましてしまい、イメージを悪くしてしまうのではないか」という恐れや戸惑いがあったからです。そのような中で、雑穀の素晴らしさを主張した市民委員がいました。その人こそ、「あんた、私は今日忙しいから、代わりにまちおこしの勉強会に行ってきて」と言われ、奥さんの代理で偶然この委員会に参加した高村英世《ひでよ》氏でした。

高村氏は今や「日本一の雑穀博士」という肩書をもつほどの人です。一六歳から農業一筋で野菜作りをしていたのですが、健康を壊してからは、農薬を使わなくても栽培できる雑穀栽培と農法に興味を持っていました。

ＷＨＯの報告書を手にした高村氏は、「これは凄いことだぞ」と大声をあげ、「雑穀生産グループをつくろう」と動き始めました。

一九九五年に、「せっかく雑穀を栽培するなら完全無農薬でなければ」と、市内の雑穀生産農家に呼びかけ、地元のおばあさん一五人と「伊加古《いかこ》・五穀の会」を結成したのです。会の名称は、古くから栽培されていた雑穀を現代によみがえらせることを願って、また、自然と共生していた遥か昔に思いを馳せ、この地を支配していた蝦夷《えみし》の首長・伊加古にちなんで命名されました。

雑穀づくりをやると宣言したものの、当初は資金がありません。そこでまちからの資金援助を市長に申し出たのです。しかし、いくら宝探し委員会から出てきた提案であっても、特定の個人やグループに資金を拠出することは難しいものでした。他の宝探し班からも当然多くの提案が出ている中で、特定のグループのみに資金提供をすれば、委員会は事業計画策定の利害関係を生んでしまいます。活動が崩壊してしまう危惧さえありました。

さらに二戸市には余分な予算など捻出できる状況ではありませんでした。しかし今日まで農業を続けてきた高村氏にとって、雑穀栽培はなんとしても実現したい自分の夢となっていました。

市からの「補助金は難しいですね」というつれない返事に高村氏はますます信念を

強めたのです。

自分の土地や家を担保に雑穀畑に適している土地の購入へと行動を開始したのですが、その土地探しも決して楽ではありませんでした。二戸市はリンゴの産地でもあり害虫防除のために農薬を使います。この農薬が飛散するリスクのない山野を探し出し、開墾しなければなりませんでした。しかし、後にこの苦労が実り、日本で初めての有機ＪＡＳ雑穀の認証を取得しました。今や「伊加古・五穀の会」は岩手を代表するといってよい雑穀農家グループとなり、雑穀の「地域マイスター」にも認定されるに至っています。

一九九七年には、「伊加古・五穀の会」の雑穀は「伊加古自然王穀シリーズ」と名付けられ、東京都の小売業者にも出荷するまでに発展しました。

ちょうどこの時期に、私は高村氏の畑を訪ねました。畑では、家族はもちろんのこと地元のおばさんたちも総出で栽培作業の真っ最中でした。畑で風に揺らいでいる雑穀を見た時、「二戸の雑穀文化を誇り、自慢している」ようにすら見えました。

ふと事務所の脇を見ると、そこには白米と雑穀を混ぜ合わせた家庭用パック商品が積まれていました。

二戸の山あいに広がる雑穀畑。収穫後の天日干しの様子

「これは売り物ですか」と尋ねると、高村氏は「もちろん売り物ですが、差し上げられません。行き先が決まっているんです」と答えます。さらに「かなりの数がありますけど、どこに持っていくんですか」と聞くと、意外な答えが返ってきました。

「これは、小学校の給食用に寄付するのです。まずは子どもたちに食べてもらって地域の自慢をしてもらうのです。しかも無農薬で安心安全。こんな良いことはないでしょう」

まだ借金を返せるかどうかという時期に、収穫した雑穀の多くを小学校に寄付するとは……。私は「この人の心の中には宝探しの精神が本当に根付いているのだな」と感心しました。

雑穀を使ったブランド商品の開発——二戸の宝興しモデル

ブランド化された雑穀は二戸の外でどんどん評判が高まっていきましたが、それとは裏腹に、市内での人気はさほどあがりませんでした。それは、先に述べたような二戸の住民に根強く定着している、雑穀に対する負のイメージが原因でした。また、白米と違って雑穀特有の癖のある匂いも敬遠されていました。

しかし素晴らしい雑穀をもっと広めていきたいと、市内でレストランや食品開発をしているグループも動き始め、雑穀を使った特産品開発、雑穀料理やレシピの普及、二戸市の料理人を集めての「雑穀料理コンテスト」など、生産と食用の両面から雑穀の活用に取り組んだのです。コンテストに参加された宮城教育大学で民俗研究をされている結城登美雄氏が、印象深い話をされました。

「東北は冬に必ず雪が降るため、一二月から四月にかけては食料のストックが必要です。昔、米は収穫が不安定であてになりませんでした。あてにならないものは主食になりません。そこで、米と雑穀をあわせて一つにした複合食が生まれたのです。この地域の雑穀食の背景には、それを美味しくするために女性が頑張ってきた『食の知恵』があるのですね」

二〇〇二年一月、二戸市には念願の東北新幹線二戸駅が完成し、駅に近隣市町村の物産を集めた販売展示場「なにゃーと」が併設されました。その売り場には雑穀を使って開発した特産商品の第一弾「五穀ラーメン」、第二弾「五雑冷麺」「雑穀アイスクリーム」が並べられ、駅前には婦人たちによる雑穀茶屋「つぶっこまんま」が開業したのです。

特産の雑穀を使ったさまざまな商品を開発

その後も第三弾「五穀コンニャク」、第四弾「五穀餃子」、第五弾「新豆とうふセット」、第六弾「雑穀ごはんせんべい」、また雑穀飯を使った駅弁「蔵しっくかしわ飯」「北の勇将九条政実弁当」と新商品が次々誕生していきました。新たな宝の創造です。

かつて貧しさの象徴だった雑穀が、二戸の顔として、宝として発掘され、自慢の特産品に生まれ変わったのです。

これは、雑穀という宝を戦略的にとりあげ、地道にかつ独創的な歩みを重ねることによって初めて実現したものです。まさに、「ブランド形成をめざした戦略的宝」の典型的な成功モデルといえます。

「五穀ラーメンが食べられません」

地元の雑穀を使ったブランド開発商品の第一弾である「五穀ラーメン」については、忘れられない出来事がありました。このラーメンが評判になり、わざわざ遠くから買い求めにお客さんが来るようになったある日のことです。ある試食会に参加した際、私は、「このラーメンの味はいかがですか?」とお年寄の御婦人に声をかけました。するど、意外な答えが帰ってきたのです。

「先生、私たちは食べられません」と言うのです。私は思わず、「え、なぜですか?」と聞き返しました。

その方はちょっと間を置いて、真顔で「貧乏の味がします。私たちはこの味から抜け出して白米を食べたいと頑張ってきたのです。若い人は工夫して是非食べてほしいですが、私は遠慮します」とおっしゃいました。そうなのです。私はこの言葉を聞いて、「地域の味とは、そこで生活してきた人たちの生活の思いや歴史が詰まっているものなのだ。味はまさに記憶の井戸の一つなのだ」と気づかされました。だからこそ、それぞれの地域の郷土食を大切にし、その料理に込められた味を伝えていく意味があるのです。そしてその味を元に、次の世代にあった調理法を開発し、思いの歴史を積み重ねていくことが大事なのだと知らされました。思いの歴史の積み重ねこそ、人々を引きつける「観光の磁力」の根源なのです。

誇りで飯を食いたい!

忘れもしません。二〇一一年三月一一日午後二時四六分、東京の自宅が大きく三度揺れ、ただならぬものを感じました。東日本大震災です。岩手県だけでも死者・行方不明者合わせて五七九七人もの犠牲者が出ました。

私はあることで迷っていました。しかし思い切って、地震から一カ月が経った日、二戸市の小保内市長に電話をかけたのです。

「市長、この状況であの計画を進めますか？」

問い合わせたのは、この年の一〇月に二戸市で予定されていた、雑穀食の紹介を中心とした「食の全国エコツーリズム大会」の開催についてです。二〇〇八年から、九戸城ボランティアガイドや「ぎばって足沢・70の会」、各集落でのエコツアーの活動グループ、雑穀生産者協議会やキッチンガーデン、若手料理人の会などの食に関連した活動グループ、さらには東日本旅客鉄道株式会社二戸駅やＩＧＲいわて銀河鉄道株式会社などの交通関連組織など二六団体が一堂に会して「宝を生かした事業実行委員会」を立ち上げ、準備を進めていたのです。しかし、この大惨事の中、本当に一〇月に開催するべきなのだろうか……。

私の問いかけに対し、市長はこう言いました。

「現在、二戸市の職員は宮古市に行き、ご遺体をここまで運んで来て荼毘《だび》に伏すボランティアをしています。それが毎日続いていて、正直心が折れそうになっています。でも以前先生に話したように、この地域の人々はこんな災害に何度も打ちのめされそうになりながら、生きる知恵を蓄え、生み出し、立ち上がり、生き抜いてきたのです。

その象徴が雑穀なのです。ここでやめたら、先人から引き継いで来た生きる思いを放棄することになる気がするのです。元気と自信と誇りを取り戻すためにもやりましょう。東北の、岩手の、南部の生きる知恵とたくましさを全国に知らしめましょうよ。先生の仲間にもぜひ協力を呼びかけてください。ましてやいま二戸では自分たちで見つけたお宝を使った市民活動があちこちで起こっています。この市民のエネルギーをこういう時期だからこそ一つにまとめ、その素晴らしさをアピールする大会が必要なのです。私たちの大会を、震災にあった人たちに、生きる希望と自信、生きてきた誇りを呼び起こさせるきっかけにもしたいのです」

淡々と、しかし熱さを感じる決意の言葉でした。

そして、市民総参加のもと、二〇一一年一〇月二一日から二三日まで、「全国エコツーリズム大会in岩手にのへ」が開催されました。

大会のテーマは、「みちのくの原風景に生きる知恵をみる〜奥南部の雑穀文化とエコツーリズム〜」に設定されました。

大会初日は、基調講演、パネルディスカッションに続いて、市内のホテルで交流会が催され、全国各地から多数の日本エコツーリズム協会の会員、団体、来賓、地元の方々、また予約なしで聞きつけて来た市民ら四〇〇〇人あまりが参加しました。有料にもかかわらず定員はいっぱいで、会場に入れずに並ぶ人が出るほどでした。参加者は延べ一八三九名にも及びました。

「この熱気。有料なのにこんなに市民が参加しているというのは凄いことです。よほど『雑穀の食文化』を自慢できるようになっているのですね。しかもこのにぎわいと参加者の笑顔、最高ですね。エコツーリズム全国大会始まって以来の画期的なことですよ」。会場を見回し、当時JTB社長を務めていた田川博己《ひろみ》氏がそう褒めてくれました。「旅行の達人」のこの言葉を周りで聞いていた地元の市民は誇らしげです。

交流会では、「二戸の食〜伝統と創造〜」をテーマに、二戸や被災地の食材を使った料理がテーブルや屋台に並べられました。「若手料理人の会」や「おいしい雑穀料理伝え隊」が地元の豊富な食材（ヒエ、アワ、キビなどの雑穀、野菜、果物、全国有数の生産を誇る鶏肉、独特の飼育で知られる折爪《おりづめ》三元豚、短角牛など）をふんだんに使った「ぬっぺ汁」「煮しめ」「雑穀鶏煎餅」から、新しいレシピによる「たかきびとあわの雑穀ニョッキ」「六宝ラーメン」「南部ピザせん」など、和・洋・中の多彩な料理が提供されました。地酒南部美人、地元産のホップを使ったサッポロビール、どぶ

交流会では二戸の名物料理が出され（右）、参加者が舌鼓を打った（左）

ろくも飲み放題。また地元の伝統スイーツであるへっちょこ団子、まめしとぎなども並べられ、その食材の豊富さに参加者からは笑顔がこぼれ、大いに盛り上がりました。

大会委員長を務めたのは前市長の小原氏で、このように感想を述べています。

「屋台形式でそれぞれ自由に皿に盛ってくるわけですが、隣を見ては、『それ、美味しそう』『あれ、そんなのどこにあったの？』と何回もお代わりをしてしまいました。隣合わせたＪＴＢの社長さんも大きめのミンチボール入りスープに『これは美味い。いつもこんな美味しいもの食べているの？』と感心され、全国各地の食に通じておられる方からの一言に、とても嬉しく、誇りに思いました。とりたてて著名な観光物産もなく、お金もやる気もない状態から始めた宝探しとまちおこしですが、二戸の可能性の一つは、豊かな食文化への取り組みにあると確信しました」

小保内市長は大会パンフレットに「ようこそ二戸へ。大地を味わう」と題した挨拶文を載せ、参加者にこの大会のまちづくりにおける意義付けを述べています。

「『全国エコツーリズム大会in岩手にのへ』にご参加いただいた皆様、ようこそ二戸市へおいでくださいました。市民一同、心より歓迎致します。（中略）自然や文化、産業などの地域資源である『宝』を掘り起こし、地域振興につなげようと、市民総参加による『宝を生かしたまちづくり』を進めて二〇年になります。今後は、宝を活用して産業に結びつける『宝興し』について重点的に取り組んでいきたいと考えております。（中略）当市の宝の一つに『雑穀文化』があります。大会の初日の交流会では、二戸の若手料理人が中心となって創作した雑穀など地元食材にこだわった料理と地酒を提供させていただきます。その『心の味わい』を楽しんでいただき、ここで生まれた出会いにより参加いただいた方々の地域がさらに輝くことを心より御祈念申し上げます」

このメッセージを読むと、小保内市長はこの大会を契機として宝探しを「宝興し」の段階へ進める時がきたと考えていたことが分かります。

大会二日目は、早朝からエコツアーが実施されました。じつはツアープログラムを考えるにあたって市長から、「この大会は、命を支えてきた雑穀文化を発表する場です。すべてのツアーに食をキーワードにして組み込んでください」と提案がなされていました。

この要望を受けて、各グループで用意された定員四〇名の六つのツアープログラムが用意され、それらは雑穀に関連した昔ながらの里山料理が味わえるものとなっていました。

また、このツアーにおいては、「宝興し」の委員会活動から暖簾分けした市民団体や、それぞれの地区で独自に活動をしていたグループがガイドにあたりました。ツアーは、定員が満員となるほど成功裏に終わり、この経験でつけた自信が、後に外に打って出る本格的ツアープログラムの商品化戦略に繋がっていくのです。

このうち、霊峰稲庭《いなにわ》岳の原生林を源にしてこんこんと湧きだす「岩誦坊《いわしょうぼう》」の湧水からグループ名を付けた「岩誦坊クラブ」のツアーと、「ぎばって足沢・70の会」と

「天台寺ボランティアガイドの会」のツアーに参加した方がそれぞれ語ってくれた感想を紹介します。

——私は、北東北ブナの原生林が広がる稲庭高原の杣人《そまびと》と歩くツアーに参加した。当日は朝から雨が降っており、雨具を着てのトレッキングになった。天台の湯からバスに乗り、トレッキングのスタート地点に到着。岩誦坊クラブの男性たちに案内され、登山道入口の階段を登り始めた。かなりの傾斜。黄色く紅葉した木々の葉が雨に打たれる音、落ち葉を踏む足音、息の音が混じり、吐く息が白くなるにつれ汗ばんでくる。「おお、これは美味いキノコだ」とガイドさんが歓声をあげる。朽木を裏返すとキノコが群生している。チラッと欲が芽生えるが、キノコとりの余裕はない。やがて雨が上がり、霧が流れる稲庭岳の山頂に到着。若い参加者たちが集まって記念撮影。この写真は、翌日の岩手日報に大きく掲載されていた。

帰りは、登りと反対側の山の斜面を下る。しっとりした土の道は気持ちよく、ガイドさんの後ろを歩き、霊水と言われる「岩誦坊」の湧水近くの車道まで一気に下った。きっとコーディネーターはハラハラし通しだったろうが、自分の家の庭のように稲庭高原の隅々まで知っている地元の方たちのガイドには安心感があった。

昼食はこの地区の温泉宿である「天台の湯」の庭でバイキング。中国の高原地域で栽培され長寿の元ともされる香ばしいダッタンソバ茶を飲みながら、名物の鶏肉、お漬け物、天ぷら、豆腐などをテントの中でいただいた。ダッタンソバのポップコーンが楽しかった。天台の湯に戻り、地元の方々と交流しながら夕食をいただいた。岩誦坊クラブには若い女性が多く、クラブの活動が地域全体のものとなっているとの印象を受けた。

——私の参加したツアーは足沢《たるさわ》地区で開催された「天台寺に続く道　御山道を歩く八〇〇年続く巨木の里・足沢で薬膳雑穀料理を食す」であった。

地元住民の方々が整備・復元した足沢地区から天台寺に続く旧道「御山街道」の一部をトレッキング。途中、一〇〇年前の休憩所を復元したかやぶき屋根の「茶屋場」や、ニホンオオカミが棲んでいたとされる「オオイヌ岩」、飲めば一〇年長生きするといわれる湧き水「山の水」などに立ち寄り、体験。地元住民の方の軽妙で味のあるガイドを聞きながら、深まりを見せる奥南部の秋と長い歴史を全身で感じることができた。

昼食は、地元のお母さんたち手作りの雑穀料理が振る舞われた。足沢地区は雑穀王国二戸の中でも代表的な生産地。その土地で収穫された雑穀を使い、お母さんたちが一手間も二手間もかけて料理を創作。当日は、「古代米ご飯」「ヒエのカツ揚げ風」「実そばとヤーコンの酢の物」など、伝統的でありつつも斬新な料理が並んだ。そして、その料理が地元産の漆を用いた漆器・浄法寺塗に盛り付けられた。その味と美しさはまるで料亭で頂く料理のようだった。

午後は、雑穀の収穫・脱穀作業や「もちひえ」の餅つきを体験した。元来ヒエは餅にならないといわれていたが、岩手大学の先生が、数あるヒエの実から餅のような粘り気をもつ品種を発見し、ヒエだけのお餅ができるようになったという。足沢地区で栽培・収穫されたもちひえを使ったつきたての餅はとても美味しく、これまでにない貴重な体験だった。

その後、瀬戸内寂聴さんが名誉住職を務める天台寺への参拝を終え、夕方から雑穀料理をいただきながら「夜なべ談議」が行われた。地元の料理と美味しいお酒を頂きつつ、地元の方と談笑しながら、秋の夜がふけていった。

足沢地区に代表される二戸のエコツアーは、安らぎや満足感とともに、驚きや新鮮さに満ちたものだった。そして、今後の日本の地域のあり方を考える上で大きな希望を感じさせるものであった。

大会翌年の二〇一二年六月に刊行された「広報にのへ」で小保内市長は市民にこう呼びかけています。

エコツーリズム宣言

誇りで飯を食いたい！
「何もない」と言ったまちは、じつは宝の宝庫でした。
二戸市は、日本の宝探しの発祥の地であり
日本型エコツーリズムの聖地なのです。
そして、市民がさがし、磨き上げた宝を守っていきながら
地域を元気にする点でも
「誇りで飯が食える」という

夢のような可能性を秘めています。
さあ、今こそ声高らかに「エコツーリズム」を宣言し
市民の皆さんによる新しい観光のカタチを
築き上げていきましょう。

第六章

地域ブランドの伝え方

宝興しによる「ブランド形成」

一九九二年から始まった「宝探し」から「宝興し」を軸とする日本型エコツーリズム活動に関わってきた市長それぞれの特色を一言で表現すれば、次のようになります。

●初代・小原豊明市長

一八年間「宝探し」活動を主軸に、じっくり考えた政策立案と組織力形成をもって市民総動員の仕掛けづくりを行ってきた。

●二代目・小保内敏幸市長

在任期間は約四年だったが、小原市長の下で在職中から縁の下の力持ちとなり、「宝誇り」活動を軸に、市民協働拡大、自立的市民グループ活動の活性化を仕掛けてきた。

そして、この二人の後を引き継いだのが、三代目・藤原淳《じゅん》市長です。藤原氏は市の職員として産業振興部長、総務部長、総合政策部長を歴任した方です。二〇一四年に市長選に立候補して当選し、市長になりました。藤原氏のまちづくりにかける思いとはどんなものだったのでしょうか。

忘れもしません。二〇一三年一二月八日の朝一〇時ごろです。出張していたニューヨークから帰国した直後の私のところに、小保内市長が急逝されたとの電話が入りました。すすんで初代まちおこし委員となり、いつも先頭に立って地域を駆け回り、市民と行政の橋渡しをしていた旗頭が突然消えてしまったのです。そのショックは一緒に活動を続けてきた仲間たちにとって相当なものでした。京都で突然の訃報に接した私は、急いで二戸に次のようなお悔やみの電報を打ちました。

「小保内さん、あなたはよく小原前市長に『市長！　働きすぎ。少し休んで！』といって注意していましたね。でも小保内さん、自分が市長になられてからは前市長以上に市のために行動していました。東西奔走、世界を駆け回り、休むということを知らないほどでした。夜は夜で、遅くまで一緒にお付き合いいただき、職員の方も交えて熱く論議したものです。

私は悔やんでいます。小保内さんのお疲れも知らずに、気楽に夜中に長電話しては論議していた自分を悔やみます。小保内さんは疲れ知らず、病知らずの、鉄のような人だと錯覚していました。

私は小保内さんの悲報を聞いて初めて、『小保内さんも生身の人間なのだ』と思い知りました。ごめんなさい。もっと注意して私が意見していれば、小保内さんは倒れずにすんだかもしれません。後悔の念でいっぱいです。

小保内さん、お疲れさまでした。しばしゆっくりと休んでください。私は小保内さんの残した『宝誇り』を発展させ、まちづくりの理念を多くの人々に伝えていこうと思います。それが私にできる小保内さんへの供養であり弔いです。いつか私も天国で小保内さんとお会いするでしょう。その時は語り合って酒を酌み交わしましょう。本当にありがとう」

この訃報に接し、翌年急きょ市長を引き継いだ宝探し三代目・藤原市長の決意には、当然並々ならぬものがあったのです。藤原市長は「宝探しはものづくり」「打って出なければ意味がない」「まちづくりは今の世代のためにあるものではない。三〇年、いや五〇年先のことを考えておかねば意味がない」が口癖でした。その口癖のとおり、「宝を使ってものづくりをしなければ意味がない。宝探しの最終段階は宝興しだ」と、二〇一四年一月二六日の就任直後から、その思いを実現すべく活動を開始していったのです。

藤原市長は、「真板先生、私は思うのですが、二戸の中でまちを活性化したいと思っている人はいると思います。でも私たちが宝探しを始めて二〇年以上が経って、その当時役所に入った職員を含め、今の三〇代から四〇代の若者はそのころの情熱を引き継いでいません。宝探しのことすら知らない市民が増えています。今後、宝をどう引き継いで観光でまちづくりを進めていくのかが課題です」と語られました。そして、「二戸に観光客を呼ぶことも大事ですが、誇りとしての宝の活用を考えなければいけない。二戸の存在を日本に、世界に知らしめるため、ものをつくって魅力を高め、打って出なければ意味がないでしょう」と力説されたのです。

市長のこの発言は、私にはまさに「観光の磁力」をものづくりからはじめていこうという、「宝興し」による「地域ブランドづくり宣言」にも聞こえました。

山菜を京都に売り込め――そう単純ではないマッチング

私自身、二戸との付き合いの中で、苦い思いをしたことがあります。ある時、地域の宝探しから宝興しまで展開していくことの難しさを身にしみて経験したのです。

東北のような里地に生活してものづくりを生業《なりわい》の中心とする「生産文化圏」とも呼べる人々と、手に入れた貴重な食材をいかに美味しく無駄なく料理して人をもてなすかという「消費文化圏」とも呼べる人たちとの間には、価値観の違いがあります。里地の産物を消費文化圏に向かってブランド化するには、双方の価値を熟知してマッチングさせる努力が必要でした。

京都の天ぷらで有名な料亭「天喜《てんき》」で食事をしていた時、女将から「先生、うちでは山菜をてんぷらに使うのですが、美味しい山菜が手に入るところを知りませんか？」と尋ねられました。

私はその場ですぐに藤原市長に電話をしました。私としては「京都でも三本の指に数えられる老舗の料亭と二戸が山菜を通じて関係を深めれば、地域ブランド力も高まるはずだ。しかも普段は山菜を物産所に出している小さな集落が直接料亭と取引できるようになれば、集落の人たちの自信にも繋がる」と考えたのです。

しかし、これは私の大きな勘違いだったのです。

しばらくして、天喜の女将から電話が入りました。

「先生、先日注文した山菜が二戸市から届いたのですが、これは使えません。皆呆《ぼ》けていました」

愕然としました。二戸のおばさんたちが山に行って大事にとってきた山菜がどうして駄目なのだろうか。改めてお店に行き、その理由が判明しました。

「先生、うちでは三口以内で食べられる食材の大きさが大切なのです。話しながら、お酒を飲みながらゆっくり一口ずつ、品よく食べられるのはそのくらいです。それに合わせて器も皿も作ってもらっているんです。料亭はどんな雰囲気でお客さんに食べていただくかも想像しながら器を用意し、料理もつくっているんですよ」と言われてしまいました。

二戸の集落の人たちは、たらふく食べさせるのが親切であり誠意だと思っています。そのため、美味しく食べられるぎりぎりの時期まで採集を待って、最大限に大きくなった山菜を料亭に送り、喜んでもらおうと思ったわけです。これは、価値観の相違としかいいようがありません。私は二戸の方々に説明して、三口以内で食べられる大きさの山菜を送り直してもらいました。再度送られてきた小さなウドやタラの芽は、湿らせたティッシュペーパーで丁寧にくるまれ、箱の中に詰められていました。愛情たっぷりに自分の子どもを送り出したかのような姿でした。

京料理の価値はお得意様と旬の香り

生産する側と消費する側の価値観の違いを知らされる、こんなエピソードもあります。二戸の自慢の山菜に、栄養価の高いギョウジャニンニクとヒメダケというタケノコがあります。ある日、再び天喜の女将から連絡がありました。今度は、「先生、店が閉まる九時過ぎにおいでください。食べていただきたいものがあります」とおっしゃいます。

早速その夜にうかがうと、天ぷらの名人といわれる板前さんが、「先生、いまギョウジャニンニクを揚げますから、食べてみてください」と言いながら、さーっと衣をつけて見事に天ぷらを揚げてくれました。食べてみると、からっと揚がった衣をかみくだくと同時に、口の中で広がるギョウジャニンニク特有の癖のある香ばしさが抜群です。

「先生、美味しいでしょう。でもうちでは使えないのです。うちのお得意さんの中には芸子さんも大勢います。この人たちには旦那さんと一緒にこられた時は食べられません。しかもこのギョウジャニンニクを揚げると、その匂いが油に染みて、もうその油では他の天ぷらを揚げることができなくなってしまうんです」

女将に「料亭はどんなお客さんを相手にするかで、お料理の食材も決まってくるんですよ」と言われ、なるほどと納得しました。

タケノコについても、こんなエピソードがあります。

六月に入って間もないころ、二戸市から「先生、私たちの自慢のタケノコを山から採ってきて待っているのですが、天喜さんから一向に注文がこないんです。なにかあったのでしょうか」と尋ねられました。さっそく天喜に問い合わせをしたのですが、再び予想もしない返事が返ってきました。

「先生、京都に一五年も住んで美味しい料理を食べていて、まだ京都のことが分かっていませんね。五月の声が過ぎたらもうタケノコは使えません。私たち料亭は旬の味を大切にしているんです」

六月にタケノコ料理をお店で出せば、「新鮮」「旬」といったイメージを崩してしまいかねない。使えないというのです。京都で京料理のブランドを維持するということは、「美味しい」「新鮮」というだけではなく、「旬」という季節感もまた大切であることを教えられました。

漆を海外に売り込め――オール日本・二戸テロアール

藤原市長には、市長になる前からある秘めた思いがありました。それは二戸の浄法寺《じょうぼうじ》漆器をもっと世の中に広げ、認めさせたいというものです。

二戸市には南部美人という全国地酒コンクールで何回も賞を取っている有名な酒造会社があります。藤原氏が政策部長をしていた時、その若社長からある提案がありました。

「藤原さん、いま私はニューヨークでうちのお酒の販売促進活動を始めています。どうせやるなら世界のど真ん中、ニューヨークで売りませんか」

その話を受けた藤原氏は、「ブランド海外発信事業」を立ち上げ、職員や漆関係者、南部美人の関係者などを引き連れてニューヨークに出向き、浄法寺漆器の宣伝を開始したのです。

しかし文化の違う外国で漆器を売るのは並大抵のことではありません。しかも、輪島漆器なら世界に美術工芸品として知られていますが、浄法寺漆器は全く知られていません。

どうしたら売れるのか？　どうしたら浄法寺漆器を認めてもらえるのか？　輪島の漆器は美術工芸品としての認知度が高いですが、浄法寺漆器は工芸品というより生活漆器として広く人々に愛されてきた製品です。そこに目を付けたのが「どうせやるなら世界のど真ん中で」と誘ってくれた、南部美人の若社長でした。

「どうせ売るなら生活漆器の特色をアピールして売りましょう」と、ニューヨークで総領事や大使をはじめとする一〇〇人を招待して、生活漆器の原点である「使ってこそ意味のある漆器」をコンセプトに、「浄法寺漆器＋日本酒」をかかげて、セミナーやフェアを開催したのです。

二戸市は、「この漆でつくった本物のお猪口《ちょこ》で飲む酒は味が変わる」、南部美人は「自分のお酒をより美味しく飲んでもらえる器」とアピールしました。そして、「装飾は少ないが、『用の美』での最高の品物」「生活文化から生まれた生活漆器の工芸品」「七層に塗ってあるため、何年でも使える耐久性がある」「お酒を飲んだ時、口当たりが良い」といった点を魅力として訴えました。また、多くの職人の手によってできあがっていく漆器の素晴らしさをより実感してもらおうと、ポプラの木を漆の木にみたてて漆掻《か》きの実演も見せました。木を育て、漆の生産から器の制作までの一貫した工程を披露し、「オール日本・二戸テロアール」と、自分たちの生活の場で作られる漆器を売り込んだのです。その結果は絶大でした。なんと、お猪口一つが一〇〇ドルで販売され、他の器の漆器も含め三九点九二二四・五ドルの売り上げがあったのです。

この活動に参加し、後に副市長に就任することになる大沢治氏は、「重要なのは理解してもらうための継続的な仕掛けと人脈づくりで、まちの大小ではありません。今回私たちがプロモーションした『にのへブランド』は世界でも通用すると確信がもてました。これはこの地域の自信につながり、大きな広報となるものだと思います」と語っています。

誇りを伝える月一ツアー

二戸における日本型エコツーリズムは、二〇一一年の「全国エコツーリズム大会in岩手にのへ」を境にして本格始動し始めました。

現在、二戸市ではIGRいわて銀河鉄道株式会社と組んで、月に一回のペースで岩手県や青森県の人を対象とした「月一《つきいち》ツアー」を実施しています。このツアーの元になったのは、宝探しから開始して、やがて「暖簾《のれん》分け」した集落や市内の市民活動グループによる二戸市民対象のエコツアーです。故小保内市長は、暖簾分けグループが市民対象のエコツアーを始めた経緯について次のように語っていました。

「一九九二年から宝探しを始め、楽しく美しいまちづくりを推進しながら点から線、線から面へと活動を持続してきましたが、そのエポックは宝探しから市民対象の宝めぐりという『宝誇り』活動に入った時点でした。その第一号は、一九九六年に暖簾分けして始まった足沢《たるさわ》集落の活動グループだったと思います。バス二台で足沢の近郷を市内のみんなが見にいったわけです。その時、足沢の地域は豆腐も自慢だったのですが、それだけでなく巨木も見学し、『巨木を見せることでみんながこんなに喜ぶのか』と驚きました。そして、折爪《おりつめ》や金田一《きんたいち》など、いろいろな地域の方々も『うちの地域でもできるのではないか。うちのところでもツアーをやってみよう』となり、市内全域に広がるきっかけとなったのです」

二〇〇七年の段階で、市民対象のエコツアーは合計六三回も行われました。

釜沢城と奥州街道／足沢館と巨木の里／えんぶり祭りと懐かしい体験ツアー／十文字流域の舘跡めぐりと藁草履《わらぞうり》作り体験ツアー／折爪岳散策と姫蛍観賞ツアー／九戸城と伝説の九戸道を歩くツアー／大平のミズバショウと御返地《ごへんち》の宝めぐりツアー／親子化石探検ツアー／子ども宝めぐりツアー／日本一の夫婦岩トレッキングツアー／タルージャ（足沢）の旬を楽しむ会トレッキングツアー（ぎばって足沢・70の会）／三浦（哲郎）文学体感ツアー

以上は、当時実施されていたツアーの一部です。

これらのツアーの経験を踏まえ、二〇一二年からは、藤原市長の号令のもと、「地域が誇りを発信し、元気で住み良くなること、二戸のファンを生み出す」ことを目的に、全国エコツーリズム大会で好評だったツアープログラムなどを基本に、大会の準備委員のメンバーだったIGRいわて銀河鉄道と協力して、地域の宝を活用して打って出る、エコツアーの継続的な事業の実施を開始したのです。

月一ツアーについては、二戸市地域振興課、観光協会、IGRいわて銀河鉄道の三者が年に二回程度企画会議を開催して決めていますが、ツアー客をもてなす郷土食や体験の内容などについては、事前に地域おこし協力隊が地区や集落に入って綿密に打ち合わせをしています（地域おこし協力隊とは、総務省によって制度化された地域協力活動を行う人員です）。

旬を狙って、プログラムを組み立てて実施された月一ツアーには、二〇一二年から二〇一五年までの四年間で五六六人の参加がありました。特色は、二戸ファンともいえるリピーターが増えてきたことにあります。私は二〇一五年度にツアーのほとんどすべてに参加したのですが、盛岡から毎回ご夫婦で参加されたご主人が、「先生、今回もご一緒ですね。私は盛岡に住んでいますが、盛岡は近代化して奥州街道の歴史の痕跡がほとんど残っていません。でも旧南部地域の二戸には歴史を物語るものがまだたくさん残っていて、毎回楽しくて仕方がありません。また次回も機会があればお会いしましょうね」と昼食の時、話しかけてくれたことを覚えています。

しかし、参加者を感激させるツアープログラムを企画する裏方から話を聞いてみると、プログラムの組み立てはそう楽でもなさそうです。

「草鞋《わらじ》づくりや味噌づくり体験など屋内での作業プログラムは意外とスムーズだったのですが、前日から現地入りしている裏方は毎回大変です。ハイキングとセットにした栗ひろいは時期的に合わなかったり、山菜採りのプログラムではその日には旬がすぎていたり、紅葉観賞など、自然相手のプログラムがあるとハラハラドキドキしています」と、苦労が多いことを話してくれました。

たしかに、秋に栗ひろいがプログラムに入っているツアーに参加した際には、イガの中に一つも栗の実が入っていませんでした。この年は栗のなるのが二週間早かったのです。その時は事前に拾っておいた栗をお土産で少しいただいたり、栗ごはんが出たり、自分で栗を買ったりして満足はしましたが、裏方は冷や汗をかいていたと思います。自然相手のツアーを実施することは、本当に大変なことなのです。

二戸の「月１ツアー」の様子。毎回多くの人が参加する

月１ツアーの例

2016年度「岩手にのへ　お散歩日和」

４月	いにしえを愛でる　にのへのかくれた桜めぐり
５月	たるさわの里山さんぽ　山菜採りと雑穀バイキング
６月	お寺でリラックスヨガと郷土食
７月	天台寺あじさいまつりと浄法寺まちあるき
８月	おさんぽ日和　ミステリーツアー
９月	栗ひろいと金田一の古民家　あったかお話会
10月	紅葉の折爪岳ハイキング
11月	冬の手仕事はじめ　きびがら草履づくり
12月	寒さでギュッと締まったあま〜いほうれん草とアスパラ収穫体験
１月	門崎味噌づくり体験
２月	足沢の小正月＆赤カブ漬け体験
３月	稲庭岳スノートレッキング

月一ツアーが若者活躍の場となる

この月一ツアーは、これからの二戸のまちづくりにどんな役割をはたしていくのでしょうか。このツアー企画者である二戸市の若い担当者は次のように話しています。

「このツアーは、地域のお宝を見せる機会であるのみならず、その宝を磨いて別なものとして披露したり、工夫をする新しい世代、特に二〇代、三〇代のUターン組の活動の場を提供する機会にもなっていると思います。足沢のツアーなどでは、いままで六〇代のお父さん世代が活動の中心でしたが、ツアーを繰り返していくうちに三〇代の息子さんが自分のネットワークを使って雑穀を使った雑穀おはぎを開発してツアー参加者に提供したりと、活動の中心に出てくるようにもなっています。このツアーが次世代に活動を引き継いでいく『継承の役割』を果たすようになってきているのです」

またこのツアーの販売を担当しているIGR銀河鉄道の女性担当者は、「私、このツアーの仕事が大好きです。新鮮な感じがいつもしているんです。ツアーに参加された八〇代の方が『人生で初めての体験でした、ありがとう』と言ってくださった時は、とてもうれしかった。ただ、参加者は六〇代以上の方が多いので、もっと若者に参加してほしいとも思っています。私たちの世代はバスツアーという参加形式が定着していませんし、別の参加形態も考えたいです」と感想を述べています。

ツアーの内容を打ち合わせているのが、地域おこし協力隊員です。神奈川県からやってきた都会育ちの女性は、こんな感想を語ってくれました。

「私は二戸に来るまで日帰りツアーに参加したことがなく、どういうものなのか皆目見当がつきませんでした。でも回を重ねていくうちに、リピーターのお客さんから顔を覚えてもらったりして、だんだんと話せるようになってきました。コミュニケーションがとれて、お客さんの元気を見ることができるのがうれしいです。最近ではツアープログラムにIターン組やUターン組の若手農家との交流プログラムを入れるようにしていますが、やはり次の世代につなげていく意識が大切だと思っています」

宝探しを開始してから二四年。その活動は、宝の面白さや楽しさを内外に広めながら、世代間ネットワークを築き上げ、二戸市の未来づくりを次世代に継承していく役割を担っているといえます。

第七章

誇りを次世代に引き継ぐために

すでに江戸時代にあった「お宝探し」と国興し

じつは、二戸市が行っている宝探しと類似した調査は、江戸時代に行われていました。『諸国産物帳』作成調査といわれるものです。

この調査は今から約二六〇年前、享保・元文の八代将軍吉宗の時代に、本草《ほんぞう》学者・丹羽正伯《にわしょうはく》を中心に実施されました。幕府が全国の天領、大名領、寺社領などに対して、農作物・動植物・鉱物など、加工品を除くいわゆる天産物を調べ上げ、「一切の産物をことごとく漏れなく書き上げ」提出するよう命じた調査でした。当時七万以上はゆうにあったと思われる日本列島全体の町村を対象にした、わが国で初めてなされた本格的かつ最大規模の空前絶後の物産調査であり、博物学史上画期的な事業でした。言うなれば、「全国宝探し調査」です。

『諸国産物帳』は、産物を書き上げた本帳、絵図帳、註書の三部でワンセットになっており、精密な写生による絵図帳は絵画としても美しいものです。『諸国産物帳』の編纂の様式は丹羽正伯によって統一的な様式が示され、それにもとづいて「○○国○

○領産物帳」と題され、丹羽正伯のもとに集められました。一説ではその資料は膨大なもので、一〇〇〇冊以上、蔵七つ分にもなったといわれています。私も長崎県対馬で発見された「下書対州産物記録と絵図」を見せていただいたことがありますが、本当に精密に、かつ美しく描かれていたのを覚えています。

なぜ、当時の幕府はこのような調査を行ったのでしょうか。これは享保という時代と深く関わっています。『諸国産物帳』がつくられた享保年間（一七一六〜三六年）とは、江戸開幕前後から元禄時代まで一〇〇年続いた大開発時代が終焉し、高度成長経済から安定成長、低成長期へと転換していった時代でした。現在の日本の状況とよく似ています。

戦国時代末から江戸時代初期にかけてのバブリーな時代、大規模河川の改修や流路変更、大河川河口の低湿地帯の大干拓をはじめとする新田開発の奨励によって、耕地総面積が室町時代の約三倍になるほどの急成長をとげました。わが国の歴史でも珍しい耕地の大量増出、今でいう高度成長時代であったといえます。

耕地の拡大にともなって人口扶養力も増加し、日本列島における長期の人口波動の第三波（鬼頭宏）と位置づけられるほどの人口増加をみせる時期でした。まさに元禄文化が開花し、列島大改造による高度経済成長の時代であったのですが、この成長はやがて終焉を迎えます。

享保期以降、人口や農地の拡大は停滞し経済拡大はこの時期に頭打ちとなります。どうしたらお国の再興ができるのかと悩んでいた時、本草学者・丹羽正伯から、「諸国で自慢できる産物を拾い出し国の活力の元となる宝＝産物を調べ上げ、その宝を軸に産業活性化を図っていってはどうか」と進言を受けたのです。

そこで、機知に富んだ将軍吉宗は、国内で自給が可能な体制を整え、国の再活性化をするために、「国興しは諸国の自慢興しから」と、開発中心の経済政策から文化力を軸にした産業活性化への転換を図るため、「諸国産物帳調査」を行い、まさに地域の隠れた産業活性化資源となりそうな「所与の資源」の総点検作業を行ったのです。

「地域資源列島」、「特産物列島」へ

今日、名物・名産といわれるものの中には、この時期（元禄から享保期）に端を発するものが少なくないといいます。江戸時代中期以降、幕府から諸国大名へ、そこか

ら領へ、領から村へと宝探しの作業を深掘りしてゆき、今日のお宝の元となる原形が地域に形成されていったのです。

宝探し、つまり前に述べた「記憶の井戸を掘り起こし、水脈を発見し、己を知ること」こそが、「おらがむらからの国興し」のすべての出発点であることを『諸国産物帳』は教えているように思えるのです。『易経』に記されている「国の光を観る」ことによって国を救おうとしたといってもよいのではないかと思えるのです。それは今も昔も変わりはないのです。

地域の誇りを形成する宝には、五つの分野「自然の宝、生活の知恵の宝、歴史文化の宝、産業の宝、名人の宝」があることを前に述べましたが、それぞれの宝には二つの価値が潜んでいます。

一つはその資源を科学的な目線で見た価値、たとえば、希少性や、生態的な特徴や、文化史的な特異性など、科学的・学術的に裏付けられる価値です。

もう一つは、地域住民の目線で見た生活の上での意味や地域の歴史の上での価値です。

前者は科学的な方法にもとづいた観察や実験とそれをもとにする分析によって形成

される科学知にもとづく価値ですが、後者は地域での生産や生活を歴史を通じて積み重ねる中で、家族や地域によって大切に蓄積され伝承されてきたものと言い換えることができます。

同じ資源であっても、これら二つの側面を知ることによって、その地域の固有性がより鮮明になり、地域で今日まで存続してきた「生き様のストーリー」が浮かび上がり、観光客などに地域を紹介するエコツアーなどのインタープリテーションの時に深みを加えることになるのです。

たとえば、二戸市斗米《とまい》地区には「糸蒔《ま》き桜」と呼ばれる樹齢四〇〇年を超えるエドヒガンの古木があります。この桜は地域のものづくりにおいて、大切な役割を担っています。開花が、「麻の種蒔きの季節の到来を告げる」という役割をもった桜なのです。その独特な名称は、麻を植え、糸をつくり、衣類をつくってきた何世代にもわたる人々の生産と生活の営みが引き継がれてきた姿を彷彿とさせます。科学的価値からみれば単なるエドヒガンザクラの古木なのですが、地域の生活を維持していく上では欠かせない自然、生活文化、歴史のストーリーを物語り、他にかえがたい価値をもっているといえます。

もう一つの例ですが、寺宝として伝えらえてきた石が、科学的な調査によってニノヘイルカという新種の哺乳類動物の化石だと判明した例を前に述べました。これは代々引き継がれてきた寺宝の科学的価値が評価されることによって、宝の価値がいっそう高まった典型的な例です。まず地域住民によって生活の目線から発掘・再発見され、その後に専門家の目線で、科学的価値評価が加わり、宝の普遍的な価値を知ることになった例といえます。

現代における「宝探し」の意味と役割

この地域の誇りである「宝探し」は、今日、国興しに対して次の四つの役割や意義を有しているといえます。

①住んでいる地域の自己主張の源泉

地域が活性化し元気になっていくためには、地域の内外の人々に自分の住んでいる地域が、他の地域とは違った、個性ある地域だという姿を自己主張できる確かな根拠を築く必要があります。この意味で、宝探しは「観光」の「光」そのものの発掘作業であり、自分の住む地域はどのようなところなのかといった価値を再発見し、新たな創造へと歩みを踏み出すことができる基盤なのです。

②宝探しは地域おこしの推進力

あくまでこの作業は、住民自身が「自分たちの手で、仲間とともにやるのだ！」と立ち上がり、実施されてこそ意味があります。地域おこしは「この宝は私たちが歴史の中で作ってきた自分たちのものなのだ」という自覚と自信をもち続けてこそ、地域住民の「誇りを大切にして次へ引き継いでいこう！」という推進力となっていくのです。

前にも述べましたが、二戸の宝探しは、貧乏の象徴だった雑穀が未来に誇れる雑穀文化として再認識され、その結果、市民のまちづくりへの参加意識が高まったように、住民一人ひとりを活性化していくことを促していく仕掛けともいえます。時代の流れに左右されない、地域固有の価値を主張し、外から多くの人を引きつける原動力となっていきます。まさに、観光客に、そこで生活していることを羨ましがられる地域、繰り返し訪れたくなる地域となることに繋がっていくのです。

③持続可能な地域おこしの切り札

宝は、グローバルな時代にあって最も必要とされる「地域個性化の切り札」として生かすことができるものです。国を支える豊かな地域おこしとは、まちづくり委員会がまとめあげたあの「楽しく美しいまちづくり計画」に見られたように、「宝とともにどのように私たちは生きていくのか」という未来の地域の姿、ビジョンを構想するエネルギーともなっていくのです。

④宝探しは自分探し

宝探しは、自分たちが外の人々に「住民が皆で一緒に地域自慢できるものは何か」という課題を、確認する作業とも位置付けることができます。この作業を通じて、「自分は誰なのか」

「自分の住む地域とは、どんな個性を持っているのか」

「自分のまちの市民であり続けるとは、どんな意味があるのか」

「日本人とは何か」に気づき、世界の中の日本人のアイデンティティーを発見することに繋がっていきます。

おらが村からの国興し

何が日本を動かすのか。

私は、日本を持続的に動かす原動力は経済力ではないと考えています。大事なのはその経済力を動かす「エネルギー」となっているものです。それは、地域の人々の「誇り」に裏打ちされた文化力を高めることだといえます。言い換えれば、「かつて存在した七万以上の町村に眠っている日本人の日本人たる誇りの宝」こそ、その原動力です。今こそ、私たちは地域の魅力を高め、日本人の誇りを強め、世界に向かって「おこしやす」と心から発信できる活動を活性化させていくことが必要だといえます。

二戸が「宝探し」による地域おこしを始めてから二四年の歳月が経ちました。これからも活動を続けていく中で、人が代わり、世代が交代し、そして壁に直面し、その壁をまた取り除くチャレンジが続いていくことと思います。それを可能とするのは、このエネルギーの原点を内に秘めた「誇り」をいつも基盤にして行動しているからに他なりません。この「宝探し」と名付けた活動は、決して派手ではなくむしろ地味といってよいかもしれません。派手さがないのは人に見せるためではなく、自分の地域に住み続けることの素晴らしさをじっくりと味わいながら進めているせいだと思います。

宝探しによるまちづくりは日本の中でどんな意味を持つのでしょうか。

私は二戸市の活動を「里地《さとち》からの国富実践論」と名付けました。

里地とは、環境省が「都市域と原生的自然との中間に位置し、さまざまな人間の働きかけを通じて環境が形成されてきた地域であり、集落をとりまく二次林と、それらと混在する農地、ため池、草原などで構成される地域概念」と定義しています。言い換えれば、里地は、農林業などの生産活動をしながら人が生活してゆく上で、厳しい自然との長年の相互作用を通じて形成された地域です。そしてその地域には、自然との関わりの中で形成してきた地域特有の伝統文化や生活の知恵が詰まっているのです。

では「富国」とはどんなことを指しているのでしょうか。当たり前のことですが、

「人々がいかなる状況でも食に困らず、飢えることもなく、たらふく食べられて、地域に自信を持って安心して生活できる国」を指します。輸入農産物への依存が高まったとはいえ、私たち大都市に住んでいる人々は、東北のような里地から農林水産物が日々安定的に届けられることによって安心した生活を送ることができています。ということは、それらの地域の発展が持続的に維持されてこそ安定した豊かな国が維持できるということになります。すなわち、私はこのような地域に住む人々がものづくりに自信と誇りを持ち、その地域を自律的に発展させていく意欲を持ち続けてこそ、豊かな日本が興せるのではないかと思うのです。その地域の自信と誇りを地域の「宝」と呼んだのです。

二四年間の宝探しで二戸市の何が変わったか

二四年間の宝探しで、二戸市では何が変わったのでしょうか。

二戸市の人口統計（二戸市人口ビジョン）によると、現在の二戸市は近隣町村からの転入が超過状況となっており、これは「生活の利便性や教育環境の面や就職先の選択肢として選ばれた結果ではないか」と報告書は分析しています。私はこれこそ、二戸の中で根付き、育ち、拡大しているオーラ、すなわち住んでいる地域への「誇り」意識の強さではないかと思うのです。

二戸市では大企業誘致などによる爆発的な変化はありません。しかし、他力本願的なまちづくりから、確実に自分の住む地域を誇り、その誇りを土台にして自律的、かつ自立的なまちづくりへと実績を積み重ねてきています。

第五章で紹介したように、二戸市では市民すべてが認める戦略的宝の象徴として雑穀を取り上げ、地域ブランド商品化の「宝興し」にまで展開していきました。その結果、今や全国でも有数の雑穀の生産地へと成長を続けています。雑穀畑を作っていた高村氏は、小学生相手に雑穀や野菜を作るプロジェクトを始めています。雑穀食、雑穀スイーツのレシピの開発や雑穀関連商品の開発も行われるようになり、裾野の広がりを見せています。

また、地域のお宝を活用し、子どもたちも巻き込んだ「まちおこし市民活動」も活発になっています。地元集落の月一ツアーの参加者も増えてきています。リピーターが増え、その地域のファンが定着してきているのです。その際に、集落で開かれる地場の野菜市や山菜市の売り上げも年々上昇しています。

高校一年生を対象にした、「地域を知る」オムニバス形式の授業も開始されています。次世代に宝探しを継承する活動が次々と生まれているのです。

「二四年間も活動をして、具体的な成果はこれだけか？」と、言う方もおられるかもしれません。たしかに、二戸市には観光地特有のお客さんを迎え入れようとする賑やかさや派手さはありません。しかし、「豊かさ」を心から感じ、「幸せ」を感じて住んでいる地域の大人や子どもが確実に増えているのです。

今年（二〇一六年）六月、二戸市金田一温泉地区で「座敷わらしの宿」として有名になった「緑風荘」がリニューアルオープンしました。それに合わせて「宝探し二四年を語る」集まりが市長も交えた有志で開かれました。話題は「宝探しで二戸市は何が変わったか？」です。この本の締めくくりに、そこで語られたメンバー一人ひとりの証言を列挙します。


――宝探しが始まった当初、組織はほとんどできていなかった。しかし、活動をきっかけに、「自分たちが住む地域を見直していこう」という気持ちを持つ人は増えたし、実際に見直しを行い、何らかの活動を行う人が増えてきた。特に、子どもたちに何かを残していけるような体験交流を行う取り組みがあちこちで増えてきているのが分かる。

――当初は「何もない、何もない」と、皆が口にしていた。ゼロからというより、マイナスからのスタートだったといっていい。二戸には、「な〜に（なんでそんなことをやるの？）」という言葉がある。アクションを起こそうとすると、「な〜に」。手を上げられない、立ち上がれない。そうした風土からくる控えめな市民性だった。しかし、宝探しを通じて、その市民性が明らかに変わった。「手を上げてもいい」「立ち上がってもいい」というふうになってきた。

――宝探しが始まる前まで、地元の人は二戸のことを「何もないところだ」と言っていた。外の人から「二戸はどんなところ、何があるの？」と聞かれても、たいていの市民は即答できなかった。それが、宝探しを始めてからは、「二戸にはあんなものがある。こんなものもある」と即答できるようになった。たとえば、ヒメボタルなんかがそう。他にも、「どういう食べ物があるの？」と聞かれれば、皆が答えられる。宝探しを通じて地域の再確認を行い、考え方が変わった。

——市民といっしょに宝探しをやるのは、楽しかった。市民と職員の垣根をはずしてやるのが、いかに楽しいものかを知った。

——最初は「『宝探し』と言っているが、何をやるんだろう」という感じでした。各戸に配布した宝と思うものを尋ねるアンケート用紙の記入欄に、「名人の宝」という項目があったのですが、そこに身近な人たちがあげられており、「あの身近な人たちが、注目される人だったんだ」と親しみを感じたのを今も覚えています。

——多くの市民と知り合えて、まちに対する想いを共有し、自分のまちに自慢する人が増えたという実感があります。

——若い職員、市民の中でも、二戸のよさ、宝探し、まちづくりについて説明ができるのは凄いことだと思う。

——健康推進課へ異動したら、保健師長さんが「せっかく、あなたが宝探しをやっていたのだから、宝のある場所に連れて行ってよ」と頼むので、宝探しの活動で価値を再発見した場所に案内した。保健師さんたちは、「専門のことばかりでなく、他の課のやっていることも知らないとだめだね」と言うようになり、まちに興味を持つようになっていった。

――「宝探し」や「まちづくり」は楽しいし、活動を始めたらはまった。マップをつくったり、冊子をつくったり、言ったこと、やったことが具体的に形になる。発言したことが、形になって戻ってくる。確認した宝が手をかけられて、磨かれて、宝興しで商品化されたりもする。ずいぶん変わってきたなと思う。

――まちづくり委員をやっている当時、お腹にいた長女が大手国内旅行会社に就職した。採用者五〇人のうち、唯一の東北の大学出身者だった。採用者に採用理由が伝えられるが、それには、「地域愛が凄い。それが伝わってきた」とのコメントだったそうだ。まちづくりの活動をやっていた中で育った子どもが、この職業を選んだのは、まちづくりをやっていたところを見てくれていたのかなと思うと嬉しかった。その娘が、「都会で育った人は、ふるさとの、地方のよさを肌で感じたことがないからかわいそうだ。仕事を通じて、いつか二戸にも恩返しできるとうれしい」と言っている。次世代に「誇り」が繋がってきていると感じている。

――エコツアーの受け入れをしている地域のお年寄りが、「来年はもっとお客さんを喜ばせたい」と目を輝かせながら私たちに話してくれます。地域の心のこもったおもてなしがツアー参加者を笑顔にし、その笑顔が地域の活力を引き出していっているようです。このような好循環が加速していくのを、エコツアーを行うたびに強く感じます。

——月一ツアーでは、中高年中心の参加者に混じって地元の小学生も一緒に歩いていました。「十二曲がり」は、私が子どものころから不思議な場所だったので、懐かしい記憶を重ねながら歩きました。一緒に登った子どもたちも、いつか今回の体験の記憶を振り返りながら、「また何十年か後に、次の世代と一緒に登ることがあるのかな」と、感じています。きっと次世代に繋がっていくのだと思っています。ここに参加することにより、世代が繋がり、新しい輪が広がっていくような気がしました。

——長男はいま大学一年生、次男は高校二年生です。この子たちはゆとり教育の世代で、宝探しスタートがちょうど総合学習がはじまった時期であったことも手伝ってか、学校では宝めぐりや他の地域の宝ツアーなども行っていた。今も続いている。地域の宝探しが教育の中に取り入れられているのは凄いことだと思う。

——自分の子どもが、「二戸が好きだから、仕事があればこれからも住みたい」と言ってくれていることを聞くと、暮らしやすい街に変わってきたなと実感します。

——宝探しでは、小中学生時代に遊んだ記憶や、親しんできた郷土料理と重なることが多く懐かしさを感じます。今改めてその宝を見て、そこに宝がある意味を知り、新たに学び直すことも多いです。

——今振り返って考えてみると、宝探しは私にとって、メンバーとしての特別な活動というよりは、日々の生活の中にあるものであったと思います。それは、ふるさとが元々備えている力に自らが気づき、住んでいる地域をより良くしようとする考え方と繋がるものだからです。宝探しは、ふるさと二戸に住んでいる誇りや愛着をより強くし、多くの方々とかけがえのない出会いを作ってくれました。宝探しそのものが、私の一生の宝です。

——ヒアリングをした方や、知り合いの高齢の方が亡くなられたと聞くと、「もっといろいろと聞いておけばよかった」という思いが湧いてくる。

二戸でいち早く宝探しを開始して、エコツアーを実施している「ぎばって足沢・70の会」の事務局長も、次のように語ってくれました。

——宝探しの活動に携わるようになったことがきっかけで、自分たちが住む地域のことを知りたくなったし、地域の昔のことを調べたくなった。宝探しの初期のころは、「このようなものが地域にあるんだ」程度の意識であったが、自分たちで地域住民の組織「ぎばって足沢・70の会」を結成して活動を行うようになり、自分たちの住む地域を見直していかなければならないという気持ちが強くなった。そして、御山《おんやま》街道をはじめとした地域の歴史や成り立ちを知り、「自分は本当に良いところに生まれ育ったのだな」と思うようになった。同時に、「この良い地域を次の世代に残していきたい」と強く思うようになった。子どもたちが将来この集落に残ってくれるか、外に出て行った子どもたちが帰ってきてくれるかは正直分からないが、それでも子どもたちが住み続けられるような、帰ってこられるような環境づくりをしたいと強く思うようになった。

足沢地区は、以前は、外部からほとんど人が来ないような集落だった。しかし、「ぎばって足沢・70の会」の活動をきっかけに、今ではツアーイベントだけで年間三〇〇~四〇〇人がこの集落を訪れるようになった。ツアー以外にも、山を散策したり、湧き水を汲んだりするために多くの人が来るようになってきている。宝探しの活動をきっかけに、集落の人々も、「足沢地区にはいろいろと良いものがあるのだ」と思うようになってきた。

以前は、どこに行っても、「足沢ってどこなの？」と聞かれたものだ。しかし、今では、「岩手の足沢」を多くの人が知っている。また、先日、遠野に研修に行った時には、「足沢は地域おこしや地域活性化の取り組みが進んでいるところですね」と言われ、足沢地区の知名度が上がっていると実感した。そして、このような状況の変化の中で、足沢地区の人々も、どこに行っても「自分は足沢の人間です」と言えるようになってきた。「ぎばって足沢・70の会」に入っていない住民も含めて、自分の住む地域のことを、誇りを持って外部の人に話せる住民が増えたのではないかと思う。

おわりに

この本を書くきっかけとなったのは「私たちが始めた『宝探し』を、次世代に引き継ぎたい。そして、東北の人々にその思いを伝えたい」と語った藤原市長の一言でした。現在、ふと気がつけば、私たちが宝探し活動を開始した時に生まれた赤ちゃんは、もう立派な青年になっています。この次世代の若者たちに「誇りで飯を食う」ことの思いを引き継いでいくために何かをせねばと、私も改めて感じたのです。

この二四年間、地域おこしを通して二戸市と関わる中で、私には分かったことがあります。それは、「人が訪れたくなるまちの魅力とは何か」ということへの答えです。人がある地域を訪れたいと思うのは、その地域の「人の魅力」に引きつけられるからです。「ものの魅力」ではないということです。その「人の魅力」は、その人自らがそこに住んでいる、生活していることを誇らしげに自慢できる中から発するオーラだと分かったのです。

この二四年間の動きは、一見すると亀の歩みのように見えるかもしれません。しかし、「宝探しで変わったこと」についての数々の証言が物語るように、地域の人々の思いである「誇り」の積み重ねは確実に次世代へと引き継がれ、その輪は拡大し、「おらが地域からの国興し」へと向かっていくエネルギーとなっていることを感じています。

宝探しを続けていると、「いつかこの地域に恩返しできるとうれしい」という意識が若者に芽生えます。人と人の出会いが笑顔を生み、地域の活力を引き出していきます。意識の好循環が加速し、その流れが次世代に繋がり、新しい輪が広がっていくのです。その結果、住民の間に「暮らしやすい街に変わってきたな」という実感が生まれます。毎日のように自分たちの地域ついての新しい発見と学びが生まれ、自分の言葉で発信できるエネルギーが生まれるのです。

第一章に登場した西表島の石垣金星氏は、「若者はまちの力、子どもたちはまちの希望と未来、年寄りはまちの宝、この三本の矢が束になってのまちおこし」と語っています。このような姿こそ、世界の人々を引きつける宝探しの日本型エコツーリズムの魅力の源泉なのではないかと感じています。

本書の執筆にあたっては、多くの方々にお世話になりました。私と一緒に一九九二年の最初から二戸市の活動に関わってくれた株式会社未来政策研究所の研究員の比田井和子氏や田中祐子氏、エコツーリズム研究で世界を飛び回る文教大学教授の海津ゆりえ氏などの多くの方々のアドバイスがなければ、本書をまとめることはできなかったかもしれません。また、職務とはいえ二戸市役所職員として土日の休みなく活動している田中博文氏、佐藤和貴氏、五日市知之氏の旧地域振興課の皆さんの丁寧な調査、および献身的に集落の隅々まで入り活躍する永井尚子氏をはじめとする協力隊のメンバーの方々によるきめ細かな地域情報の提供があってこそ、地域の人々の思いを書き込むことができ、感謝に堪えません。旬報社の熊谷満氏には、本書の出版に多大なご支援をいただきました。最後に、一方的な私の話を聞きながら、企画の立案、原稿の整理、出版へと進めてくださり、励まし続けてくださった大谷智通氏に深く感謝いたします。

そして、読者の皆さん、最後までお読みいただきありがとうございました。この本が二戸市藤原市長の語るように、まちの二〇年先、三〇年先を担う次世代の人たちの道標となり、地域おこしに取り組んでおられる方々、これから取り組もうとする方々のお役に立つならば幸いです。

二〇一六年一〇月　真板昭夫

参考・引用文献

真板昭夫『エコツーリズムの総合的研究』（国立民族学博物館調査報告、二〇〇一年）
真板昭夫『エコツーリズムにおける宝さがし手法を用いた「持続的な観光地域づくりの発展モデル」の研究――二戸市の事例分析を軸として』（京都嵯峨芸術大学紀要〈三三五〉、三五―四六、二〇〇九年）
真板昭夫・比田井和子・高梨洋一郎共著『宝探しから持続可能な地域づくりへ――日本型エコツーリズムとはなにか』（学芸出版社、二〇一〇年）
真板昭夫・石森秀三・梅津ゆりえ編『エコツーリズムを学ぶ人のために』（世界思想社、二〇一一年）
佐藤滋編『東日本大震災からの復興まちづくり』（大月書店、二〇一一年）
梅津ゆりえ・真板昭夫・橋本俊哉ほか『エコツーリズムによる震災復興支援の実証的研究――岩手県宮古市のおける研究』（北海道大学観光学高等研究センター共同研究会中間報告、二〇一五年）
西山徳明・西川克之・花岡拓郎・平井健文編『自然災害復興における観光創造』（CATS叢書、二〇一六年）
マーサ・ハニー『エコツーリズムと持続可能な開発楽園はだれのもの？』（くんぷる、二〇一六年）

著者プロフィール

真板昭夫（まいたあきお）

1949年新潟県生まれ。1973年東京農業大学農学科卒業。東京大学にて農学博士号取得。専門はエコツーリズム論。2001年より京都嵯峨芸術大学教授、同大学観光デザイン研究センター所長就任。2015年より北海道大学観光学高等研究センター特任教授。日本エコツーリズム協会理事。日本ガラパゴスの会副会長。株式会社未来政策研究所取締役顧問。西表島、二戸市、南大東島、ボスニア・ヘルツェゴビナ、フィジー、ガラパゴス、パラオなど各地のエコツーリズムによる地域づくりの調査研究を行っている。著書に『草魚バスターズ　もじゃもじゃ先生、京都大覚寺大沢池を再生する』（飛鳥新社）など多数。

地域《ちいき》の誇《ほこ》りで飯《めし》を食《く》う！
“何もないまち”を変えた奇跡の物語

2016年12月12日　初版第1刷発行

著　者———真板昭夫
装　丁———波多英次
発行者———木内洋育
編集協力——大谷智通
編集担当——熊谷満
発行所———株式会社旬報社
〒112-0015 東京都文京区目白台2-14-13
TEL 03-3943-9911
FAX 03-3943-8396
HP http://www.junposha.com/

印刷・製本—中央精版印刷株式会社

ISBN978-4-8451-1479-5